Kauderwelsch
Band 72

Impressum

Hans-Ingo Radatz
Katalanisch – Wort für Wort
erschienen im
REISE KNOW-HOW Verlag Peter Rump GmbH
Osnabrücker Str. 79, D-33649 Bielefeld
info@reise-know-how.de

7. Auflage 2007

Bearbeitung & Layout Claudia Schmidt
Layout-Konzept Günter Pawlak, FaktorZwo! Bielefeld
Umschlag Peter Rump (Titelfoto: Hans-Ingo Radatz)
Karthographie Iain Macneish
Fotos Hans-Ingo Radatz, Peter Rump (S. 8, 38, 63, 66, 114)

Druck und Bindung Fuldaer Verlagsanstalt GmbH & Co. KG, Fulda

ISBN: 978-3-89416-262-7

Printed in Germany

Dieses Buch ist erhältlich in jeder Buchhandlung der BRD, Österreichs, der Schweiz und der Benelux. Bitte informieren Sie Ihren Buchhändler über folgende Bezugsadressen:
BRD Prolit GmbH, Postfach 9, 35461 Fernwald (Annerod) sowie alle Barsortimente
Schweiz AVA-buch 2000, Postfach 27, CH-8910 Affoltern
Österreich Mohr Morawa Buchvertrieb GmbH Sulzengasse 2, A-1230 Wien
Belgien & Niederlande Willems Adventure, Postbus 403, NL-3140 AK Maassluis
direkt Wer im Buchhandel kein Glück hat, bekommt unsere Bücher zuzüglich Porto- und Verpackungskosten auch direkt über unseren Internet-Shop: **www.reise-know-how.de.**

Kauderwelsch

Hans-Ingo Radatz

Katalanisch

Wort für Wort

Kauderwelsch-Sprechführer sind anders!

Warum? Weil sie Sie in die Lage versetzen, wirklich zu sprechen und die Leute zu verstehen.

Wie wird das gemacht? Abgesehen von dem, was jedes Sprachbuch bietet, nämlich Vokabeln, Beispielsätze etc., zeichnen sich die Bände der Kauderwelsch-Reihe durch folgende Besonderheiten aus:

Die **Grammatik** wird in einfacher Sprache so weit erklärt, dass es möglich wird, ohne viel Paukerei mit dem Sprechen zu beginnen, wenn auch nicht gerade druckreif.

Alle Beispielsätze werden doppelt ins Deutsche übertragen: zum einen **Wort-für-Wort**, zum anderen in „ordentliches" Hochdeutsch. So wird das fremde Sprachsystem sehr gut durchschaubar. Denn in einer fremden Sprache unterscheiden sich z. B. Satzbau und Ausdrucksweise recht stark vom Deutschen. Ohne diese Übersetzungsart ist es so gut wie unmöglich, schnell einzelne Wörter in einem Satz auszutauschen.

Die **Autorinnen** und **Autoren** der Reihe sind Globetrotter, die die Sprache im Land selbst gelernt haben. Sie wissen daher genau, wie und was die Leute auf der Straße sprechen. Deren Ausdrucksweise ist nämlich häufig viel einfacher und direkter als z. B. die Sprache der Literatur oder des Fernsehens.

Besonders wichtig sind im Reiseland **Körpersprache, Gesten, Zeichen** und **Verhaltensregeln**, ohne die auch Sprachkundige kaum mit Menschen in guten Kontakt kommen. In allen Bänden der Kauderwelsch-Reihe wird darum besonders auf diese Art der nonverbalen Kommunikation eingegangen.

Kauderwelsch-Sprechführer sind keine Lehrbücher, aber viel mehr als Sprachführer! Wenn Sie ein wenig Zeit investieren und einige Vokabeln lernen, werden Sie mit ihrer Hilfe in kürzester Zeit schon Informationen bekommen und Erfahrungen machen, die „taubstummen" Reisenden verborgen bleiben.

Inhalt

Inhalt

Konversation

Anhang

MERCAT
St JOSEP
BO
QUE
RIA
selecciona
Cistell Sa
CAFÉ
100% NATURAL
FRUITS JUICE

Vorwort

Wer kennt nicht die beliebten Urlaubsziele Mallorca, Lloret de Mar, Benidorm, Costa Brava oder Calella? Doch wer weiß schon, dass man dort und in den gesamten umliegenden Gebieten einschließlich der Olympiastadt des Jahres 1992, Barcelona, Katalanisch spricht? Katalanisch ist eine eigenständige romanische Sprache und trotz mancher Ähnlichkeiten kein Dialekt des Spanischen (korrekt: des Kastilischen). Es hat sogar teilweise mehr mit dem Französischen als mit dem Spanischen gemein.

Natürlich kann man sich dort auch mit Spanisch oder Französisch gut verständigen und die touristentypischen Angelegenheiten erledigen – falls dazu überhaupt Fremdsprachenkenntnisse erforderlich sind. Wer jedoch einen engeren Kontakt zu den Einheimischen sucht oder mehr von seinem Urlaubsort entdecken möchte, kommt früher oder später nicht am Katalanischen vorbei.

Schon geringe Sprachkenntnisse genügen oft, um die unsichtbare Schwelle zwischen Fremdling und Einheimischem zu überwinden. Die Katalanen werden das Bemühen um ihre Sprache mit großer Herzlichkeit honorieren. Oft ergeben sich so Kontakte und Begegnungen, die man so leicht nicht wieder vergisst.

Viel Spaß und **bon viatge!** (Gute Reise!)

Hinweise zur Benutzung

Der Band Katalanisch ist in „Grammatik", „Konversation" und Wörterliste" gegliedert:

Grammatik

Die Grammatik beschränkt sich auf das Wesentliche und ist so einfach gehalten wie möglich. Deshalb sind auch nicht sämtliche Ausnahmen und Unregelmäßigkeiten der Sprache erklärt. Wer nach diesem Kauderwelsch gerne tiefer in die Grammatik der katalanischen Sprache eindringen möchte, findet im Anhang eine Reihe von weiterführenden Lehrbüchern. Natürlich kann man die Grammatik auch überspringen und sofort mit dem Konversationsteil beginnen. Wenn dann Fragen auftauchen, kann man immer noch in der Grammatik nachsehen.

Was an Grammatik unumgänglich ist, wird allgemeinverständlich und praxisorientiert dargestellt.

Konversation

In der Konversation finden Sie Sätze aus dem Alltagsgespräch, die Ihnen einen ersten Eindruck davon vermitteln sollen, wie die katalanische Sprache „funktioniert" und die Sie auf das vorbereiten sollen, was Sie später in den katalanischen Ländern hören werden.

Wort-für-Wort-Übersetzung

Jede Sprache hat ein typisches Satzbaumuster. Um die sich vom Deutschen unterscheidende Wortfolge katalanischer Sätze zu verstehen, ist eine Wort-für-Wort-Übersetzung in kursiver Schrift ergänzt. Jedem katalanischen Wort entspricht ein Wort in der Wort-für-Wort-Übersetzung. Wörter, die hier in Klammern stehen, sind für das Verständnis ergänzt worden, z. B.:

Sóc alemany.
(ich-)bin Deutscher
Ich bin Deutscher.

Alles ist darauf ausgerichtet, einfache Gespräche in (touristischen) Alltagssituationen bewältigen zu können.

Wird ein katalanisches Wort im Deutschen durch zwei Wörter übersetzt, werden diese zwei Wörter in der Wort-für-Wort-Übersetzung mit einem Bindestrich verbunden, z. B.:

del pare
von-der Vater
vom Vater

Mit Hilfe der Wort-für-Wort-Übersetzung können Sie bald eigene Sätze bilden. Sie können die Beispielsätze als einen Fundus von Satzschablonen und -mustern benutzen, den Sie selbst Ihren Bedürfnissen anpassen. Um Ihnen das zu erleichtern, ist ein erheblicher Teil der Beispielsätze nach allgemeinen Kriterien geordnet („sich begrüßen“, „ablehnen“, „überrascht sein“ usw.). Mit einem bisschen Kreativität und Mut können Sie sich neue Sätze „zusammenbauen“, auch wenn das Ergebnis nicht immer grammatikalisch perfekt ausfällt.

Wörterlisten

Die Wörterlisten am Ende des Buches helfen Ihnen dabei. Sie enthalten einen Grundwortschatz von je ca. 1000 Wörtern „Deutsch-Katalanisch“ und „Katalanisch-Deutsch“, mit denen man schon eine ganze Menge anfangen kann.

Abkürzungen In der Wort-für-Wort-Übersetzung und in den Wörterlisten im Text werden folgende Abkürzungen benutzt:

w	weiblich (feminin)
m	männlich (maskulin)
Ez	Einzahl (Singular)
Mz	Mehrzahl (Plural)
adj.	Eigenschaftswort (Adjektiv)
adv.	Umstandswort (Adverb)

Umschlagklappe Die Umschlagklappe hilft, die wichtigsten Sätze und Formulierungen stets parat zu haben. Hier finden sich schnell die wichtigsten Angaben zur Aussprache und eine kleine Liste der wichtigsten Fragewörter, Richtungs- und Zeitangaben. Aufgeklappt ist der Umschlag eine wesentliche Erleichterung, da nun die gewünschte Satzkonstruktion mit dem entsprechenden Vokabular aus den einzelnen Kapiteln kombiniert werden kann.

Wenn alles nicht mehr weiterhilft, dann ist vielleicht das Kapitel „Nichts verstanden? – Weiterlernen!" der richtige Tipp. Es befindet sich ebenfalls im Umschlag, stets bereit, um mit der richtigen Formulierung für z. B. „Ich habe leider nicht verstanden." oder „Wie bitte?" auszuhelfen.

Seitenzahlen

Um Ihnen den Umgang mit den Zahlen zu erleichtern, wird auf jeder Seite die Seitenzahl auch auf Katalanisch angegeben!

Die Sprachen Spaniens

In Spanien gibt es vier verschiedene Amtssprachen:

Kastilisch

Kastilisch (castellano), das man bei uns normalerweise als Spanisch bezeichnet, ist die Staatssprache Spaniens und daher auf dem gesamten Territorium offiziell. Es war ursprünglich lediglich die Sprache Kastiliens im Zentrum der Iberischen Halbinsel, wird aber heute in ganz Spanien verstanden.

Daneben gibt es drei weitere Sprachen, die in ihren entsprechenden Autonomen Regionen dem Kastilischen als Amtssprachen völlig gleichgestellt sind:

Baskisch

Baskisch (euskara) ist eine archaische und nicht indogermanische Sprache, die in der Autonomen Region Euskadi (Baskenland) und in einem Teil Navarras von ca. 500.000 Sprechern gesprochen wird.

Galicisch

Galicisch (galego) ist eng mit dem Portugiesischen verwandt und wird in der Autonomen Region Galicien von ca. 2,8 Mio. Sprechern gesprochen

Katalanisch

Katalanisch (català) spricht man nicht nur in Katalonien selbst (das heißt in der Autonomen Region Catalunya), sondern auch auf den Balearen und Pityusen, d. h. auf Mallorca, Menorca, Eivissa (span. „Ibiza") und Formentera, in der Region der Comunitat Valenciana mit den Städten València und Alacant (span. „Alicante") und in einem Grenzstreifen zwischen Katalonien und Aragonien. Außerhalb des spanischen Staatsgebiets wird die Sprache noch im – heute französischen – Nordkatalonien mit dem Zentrum Perpinyà (frz. „Perpignan") und in der kleinen Stadt L'Alguer (it. „Alghero") auf Sardinien gesprochen; im Pyrenäenzwergstaat Andorra ist Katalanisch Staatssprache.

Das gesamte Sprachgebiet wird normalerweise als „Katalanische Länder" (Països Catalans) bezeichnet. Sie bilden eine Einheit, die zwar nicht durch staatliche, sehr wohl aber durch recht klare sprachliche, historische und kulturelle Grenzen definiert ist.

Der Vergleich mit den Sprecherzahlen anderer europäischer Sprachen macht deutlich, dass diese Sprache längst nicht so unbedeutend ist, wie man vielleicht annehmen könnte: Tatsächlich haben mindestens 14 europäische Sprachen deutlich weniger Sprecher als das Katalanische, darunter beispielsweise Dänisch, Finnisch und Norwegisch.

Katalanisch gehört zur romanischen Sprachfamilie und ist somit mit dem Kastilischen, Französischen und Italienischen verwandt; die gemeinsame Herkunft ist nicht zu verkennen:

	katalan.	**französ.**	**spanisch**
Ehegatte	**marit**	**mari**	**marido**
Baum	**arbre**	**arbre**	**árbol**
Mehl	**farina**	**farine**	**harina**
Mann	**home**	**homme**	**hombre**

Katalanisch wird von etwa 8 Millionen Menschen gesprochen und ist heute nahezu im gesamten Sprachgebiet dem Spanischen als Amtssprache gleichgestellt.

Jedoch kann ein Spanier aus Madrid unter Umständen Schwierigkeiten haben, einen Katalanen zu verstehen. Denn das Katalanische hat mit dem Französischen teilweise mehr gemein als mit dem Kastilischen:

	katalan.	französ.	spanisch
Käse	**formatge**	**fromage**	**queso**
Äpfel	**pomes**	**pommes**	**manzanas**
Bett	**llit**	**lit**	**cama**
blau	**blau**	**bleu**	**azul**

In einigen Fällen geht das Katalanische jedoch unabhängig vom Spanischen und Französischen eigene Wege:

	katalan.	französ.	spanisch
schließen	**tancar**	**fermer**	**cerrar**
Hund	**gos**	**chien**	**perro**
Junge	**noi**	**garçon**	**chico**
Glas	**got**	**verre**	**vaso**

Das Verhältnis von Katalanisch und Kastilisch ist dem von Deutsch und Niederländisch vergleichbar – zwei Sprachen, deren Ähnlichkeit offensichtlich ist, ohne dass sie dadurch aufhörten, zwei verschiedene Sprachen zu sein.

Im Mittelalter entwickelte sich das Katalanische zu einer blühenden Schrift- und Literatursprache. Als Kastilien jedoch die Oberherrschaft über die Iberische Halbinsel gewann, wurde das Katalanische aus dem schriftlichen Gebrauch verdrängt. Mitte des 19. Jahrhunderts entstand eine rasch um sich greifende Bewegung, mit dem Ziel, die Muttersprache Katalanisch auch wieder für Literatur, Wissenschaft und Verwaltung zu verwenden, sowie politische Unabhängigkeit von der Madrider Regierung zu gewinnen. Diese äußerst erfolgreiche Bewegung wurde durch den Sieg der Truppen des Generals Franco im Spanischen Bürgerkrieg gewaltsam unterbrochen. Jahrzehntelang bis zum Tod des Diktators im Jahre 1975 wurde die katalanische Sprache bei Strafe verboten. Nach dessen Tod hat die Sprache nicht nur als Umgangssprache, sondern auch in den Medien, Schulen und Universitäten einen enormen Wiederaufschwung genommen.

Unter dem Regime des Diktators Franco war das Katalanische weitgehend aus der Öffentlichkeit verbannt.

Diese geschichtlichen Fakten erklären vielleicht die Tatsache, dass ein großer Teil der Katalanen die eigene Sprache nicht schreiben kann. – Unter Franco lernte man in der Schule eben nur Spanisch.

Heute wird in Katalonien in nahezu allen Lebensbereichen mehr Katalanisch als Spanisch gesprochen: Spanisch ist in Katalonien nur noch Zweitsprache.

Kauderwelsch-AusspracheTrainer

*Falls Sie sich die wichtigsten katalanischen Sätze, die in diesem Buch vorkommen, einmal von einem Einheimischen gesprochen anhören möchten, kann Ihnen Ihre Buchhandlung den **AusspracheTrainer** zu diesem Buch besorgen. Sie bekommen ihn auch über unseren Internetshop **www.reise-know-how.de** Alle Sätze, die Sie auf dem **Kauderwelsch-AusspracheTrainer** hören können, sind in diesem Buch mit einem 👂 gekennzeichnet.*

Aussprache & Betonung

Die Aussprache des Katalanischen ist relativ unproblematisch, zum einen, weil das Katalanische nur wenige für uns schwierige Laute verwendet, und zum anderen, weil die Rechtschreibung sehr systematisch ist und man sich nicht mit allzu vielen Ausnahmen herumquälen muss.

Die Grundregel lautet: Abgesehen von wenigen Ausnahmen entspricht jedem Buchstaben auch ein Laut. Lassen Sie sich also nicht durch französisch anmutende Schreibweisen wie z. B. Campanet (Ort auf Mallorca) oder Freixenet (katalanische Sektmarke) zur französischen Aussprache verleiten.

Mitlaute (Konsonanten)

h	stets „stumm" **home** (Mann) *„omme"* **l'home** (der Mann) *„lomme"*
l	dunkles *„l"*: Im Gegensatz zum spanischen „l" ist das katalanische ein dunkles „l" und wird so ausgesprochen wie im englischen Wort „Bi**ll**" oder wie im Wort „Kö**l**sch", wenn es ein Kölner ausspricht.
ll	wie *„lj"* **Mallorca** *„ma-ljor-ke"* **ll** erscheint auch am Wortende und -anfang:

	fill (Sohn) *„filj"* **llum** (Licht) *„ljum"*
l.l	langes *„l"* **excel.lent** (exzellent) *„ekßell-lent"*
ny	*„nj"* wie in „A**nj**a" **Catalunya** (Katalonien) *„katalu-nje"*
(i)x	*„sch"* wie in „**Sch**ule" **xocolata** (Schokolade) *„schokolate"* In den Kombinationen **aix, eix, oix** und **uix** wird das **i** nicht gesprochen: **baix** (niedrig) *„basch"*
tx	*„tsch"* wie in „Ma**tsch**" **Andratx** *„andratsch"*
eig	wie *„etsch"* **lleig** (hässlich) *„ljetsch"*
aig	wie *„atsch"* **maig** (Mai) *„matsch"*
oig	wie *„otsch"*
uig	wie *„utsch"* **puig** (Bergkuppe) *„putsch"*
r	*„rr"*: Am Wortanfang ist **r** stets stark gerollt (Zungen-r:): **ric** (reich) *„rrik"*
r	Im Wort gibt es stark gerollte, aber auch nur kurz angestoßene Zungen-r: **para!** (hör auf!) *„pare"* **parra** (Weinlaube) *„parre"*
r	Am Wortende wird **r** nicht gesprochen, dafür aber die letzte Silbe betont: **cantar** (singen) *„kanta"* **primer** (erster) *„prime"*
s	am Wortanfang stimmlos wie *„ß"* **sala** (Raum) *„ßale"*

ss, c, ç	zwischen Selbstlauten (Vokalen) stimmlos wie *„ß"* oder *„ss"* **massa** (zu viel) *„masse"* **traça** (Spur) *„trasse"* **gràcies** (danke) *„grassjeß"*
s	zwischen Selbstlauten stimmhaftes *„s"* wie in „Ra**s**en" **casa** (Haus) *„kase"*

Die Aussprache von c, qu und g ist abhängig davon, ob ihnen ein „heller" Selbstlaut (Vokal) (e, i) oder ein „dunkler" Selbstlaut (a, o, u) folgt.

qui	*„ki"*	**quilo** (Kilo) *„kilu"*
que	*„ke"*	**querosè** (Kerosin) *„kerosä"*
ca	*„ka"*	**carta** (Brief) *„karte"*
co	*„ko"*	**cosa** (Sache) *„kose"*
cu	*„ku"*	**cura** (Sorgfalt) *„kure"*
ça	*„ssa"*	**traça** (Spur) *„trasse"*
ce	*„sse"*	**encesa** (Zündung) *„enßäse"*
ci	*„ssi"*	**cim** (Gipfel) *„ßim"*
ço	*„sso"*	**amenaço** (ich drohe) *„amenassu"*
gui	*„gi"*	**guitarra** (Gitarre) *„gitarre"*
gue	*„ge"*	**gueto** (Ghetto) *„getu"*
ga	*„ga"*	**gat** (Katze) *„gat"*
go	*„go"*	**got** (Trinkglas) *„gott"*
gu	*„gu"*	**gust** (Geschmack) *„gußt"*
gi	*„~~sch~~i"*	**Girona** *„~~sch~~irone"*
ge	*„~~sch~~e"*	
ja	*„~~sch~~a"*	**jardí** (Garten) *„~~sch~~ardi"*
jo	*„~~sch~~o"*	**joc** (Spiel) *„~~sch~~ok"*
ju	*„~~sch~~u"*	**jutge** (Richter) *„~~sch~~udsche"*

Die Buchstaben j und ç stehen ausschließlich vor dunklen Selbstlauten.

*Hier ist das „~~sch~~" stimmhaft wie das zweite „g" in „Gara**g**e"!*

tja	*„dscha"*	**platja** (Strand) *„pladsche"*
tge	*„dsche"*	**metge** (Arzt) *„medsche"*
tgi	*„dschi"*	
tjo	*„dscho"*	**mitjons** (Strümpfe) *„midschonß"*
qüe	*„kwe"*	**qüestió** (Streitfrage) *„kweßtio"*
qüi	*„kwi"*	
qua	*„kwa"*	**qualitat** (Qualität) *„kwalitat"*
güe	*„gwe"*	**aigües** (Wasser, Mz) *„aigweß"*
güi	*„gwi"*	

*Das „dsch" in der Lautschrift wird wie in „**Dsch**ungel" ausgesprochen, das „w" wie im englischen „**w**hat".*

Beachten Sie: Den spanischen ch-Laut (Aussprache wie in „Ba**ch**") gibt es im Katalanischen ebensowenig wie den spanischen Lispellaut: Barcelona wird also *„barßelona"* gesprochen, nicht *„barthelona"*.

Selbstlaute (Vokale)

a, i, u	Bei Betonung klingen diese Selbstlaute wie im Deutschen: *„a", „i", „u"*
a, e	bei Nichtbetonung werden **a** und **e** gleich ausgesprochen, so dass sich **pare** (Vater) und **cara** (Gesicht) reimen. Die korrekte Aussprache ist ein schwaches „e" wie in „bitt**e**". Unter spanischem Einfluss oft auch wie „a" gesprochen: *„para"*/ *„kara"*.
à, í, ú	*„a", „i", „u"*. Die Selbstlaute klingen auch mit einem Akzentzeichen wie im Deutschen. Der Akzent gibt lediglich die Betonung der Silbe an.

é, ó	geschlossenes *„e"*, *„o"* wie in in „l**e**sen" und „w**o**hnen", allerdings nicht so lang gesprochen wie diese **església** (Kirche) *„eßglesie"* **cançó** (Lied) *„kanßo"*
è, ò	offenes *„e"*, *„o"*, etwa wie in den deutschen Wörtern „W**e**rk" und „**O**rt" ausgesprochen: **telèfon** (Telefon) *„teläfun"* **victòria** (Sieg) *„viktorie"*
o	Bei Nichtbetonung wird das **o** wie *„u"* ausgesprochen: **canto** (ich singe) *„kantu"* **Llobregat** *„ljubregat"*

Der **Llobregat** *ist ein Fluss.*

Betonung

Hat ein katalanisches Wort einen Akzent, also ´ oder `, so wird stets der akzenttragende Wortteil betont:

Deià, Dénia, Sant Agustí

Hat das Wort kein Akzentzeichen, so wird es meist auf der vorletzten Silbe betont:

Tarragona, Eivissa, Gandia

Wörter, die auf -r enden, werden auf der letzten Silbe betont. In Zweifelsfällen ist die Betonung in den Wörterlisten am Ende des Buches durch Unterstreichung kenntlich gemacht.

Rechtschreibung

Außer am Satzanfang sowie bei Eigennamen wird im Katalanischen alles klein geschrieben.

Wörter, die weiterhelfen

Die folgenden Sätze beinhalten diejenigen Formulierungen, die man zuallererst braucht, um sich zu orientieren.

Estic buscant ... (Ich suche ...)

Estic buscant l'hotel „Jaume Primer".
Ich suche das Hotel „Jaume Primer".

Estic buscant un restaurant.
Ich suche ein Restaurant.

Estic buscant els serveis.
Ich suche die Toiletten.

Wenn Sie höflicher fragen wollen, setzen Sie einfach das Wort perdoni ...! (Entschuldigen Sie ...!) vor den Ausdruck. In der Antwort können folgende Richtungshinweise vorkommen:

a la dreta	rechts
a l'esquerra	links
recte, tot dret	geradeaus

Diese Wörter können z. B. auch in die obige Formulierung eingesetzt werden.

l'aeroport	Flughafen
l'estació	Bahnhof
la policia	Polizei
l'ambaixada	Botschaft
els correus	Post

l'hospital	Krankenhaus
el telèfon	Telefon
el supermercat	Supermarkt

Wenn Sie wissen möchten, ob es in einem Laden etwas Bestimmtes zu kaufen gibt, können Sie (mit Hilfe der Wörterliste am Ende des Buches) die Frage so stellen:

Que té ...? (Haben Sie ...?)

Que té segells?	Haben Sie Briefmarken?
Que té vi negre?	Haben Sie Rotwein?
Que té fruita?	Haben Sie Früchte?

Die Antwort lautet dann sí (ja) oder no (nein).

Quant és ...? (Wie viel kostet ...?)

Quant és això?	Wie viel kostet das da?
Quant és el menú?	Wie viel kostet das Menü?
Quant és el bitllet?	Wie viel kostet die Fahrkarte?

Voldria ... (Ich möchte ...)

Voldria pagar.	Ich möchte zahlen.
Voldria telefonar.	Ich möchte telefonieren.
Voldria un cafè.	Ich möchte einen Kaffee.

Hauptwörter

Im Unterschied zum Deutschen kennt das Katalanische keine Fälle. Die Hauptwörter (Substantive) werden also nicht gebeugt (z. B. „des Hauses, dem Haus“ usw.). Man muss lediglich das grammatische Geschlecht („der, die“) und die Ein- und Mehrzahl lernen.

grammatisches Geschlecht

Katalanische Hauptwörter sind entweder „männlich“ (abgekürzt: m) oder weiblich (abgekürzt: w), wobei man ihnen äußerlich ihr Geschlecht meist nicht ansehen kann:

la font (w)	die Quelle
el pont (m)	die Brücke

Man sollte daher das grammatische Geschlecht eines Wortes von Anfang an mitlernen – am besten, indem man sich das Wort gleich mit dem Artikel zusammen merkt, an dem das Geschlecht in den meisten Fällen eindeutig abzulesen ist.

Es gibt jedoch einige Merkmale, an denen man ein bestimmtes Geschlecht erkennen kann. So sind diejenigen Hauptwörter auf -a, -tat und -ió weiblich, die meisten auf -ment und -atge dagegen männlich.

Im Folgenden führe ich einige wichtige Ausnahmen an:

el poeta (m)	der Dichter
el turista (m)	der Tourist
el problema (m)	das Problem
el camió (m)	der Lastwagen
l'avió (m)	das Flugzeug

Artikel

Der bestimmte Artikel (der, die) hat im Katalanischen eine männliche und eine weibliche Form, die auch in der Mehrzahl (abgekürzt: Mz) klar unterschieden werden. Die Artikel stehen vor den Hauptwörtern:

	männlich		**weiblich**	
Ez	**el**	der	**la**	die
Mz	**els**	die	**les**	die

Dasselbe gilt auch für den unbestimmten Artikel (ein, eine):

	männlich		**weiblich**	
Ez	**un**	ein	**una**	eine
Mz	**uns**	einige	**unes**	einige

Der unbestimmte Artikel hat im Deutschen eigentlich keine Mehrzahl; im Katalanischen wird er in der Mehrzahl im Sinne von „ein paar“ oder „einige“ benutzt:

uns cotxes
einige Autos

unes dones
einige Frauen

Der bestimmte Artikel wird in der Einzahl (abgekürzt: Ez) in den meisten Fällen zu l' verkürzt, wenn das dazugehörige Hauptwort mit einem Selbstlaut (a, e, i, o, u) oder mit dem Buchstaben h (das stets „stumm" ist) beginnt:

l'avi (m)	der Großvater
l'àvia (w)	die Großmutter
l'home (m)	der Mensch, der Mann

Es gibt von dieser Regel einige wenige Ausnahmen, die uns hier jedoch nicht weiter zu beschäftigen brauchen, weil sie für die gesprochene Sprache ohne Belang sind.

In der Mehrzahl werden immer die vollständigen Artikel verwendet:

els homes	die Menschen/Männer
les àvies	die Großeltern

Die Eigennamen von Personen werden im Katalanischen normalerweise ebenfalls mit dem bestimmten Artikel verwendet. Bei männlichen Vornamen, die mit einem Mitlaut beginnen, lautet der Artikel en (und nicht el):

en Jordi	Georg	**la Núria**	Núria
l'Antoni	Anton	**l'Antònia**	Antonia

Mehrzahl

Generell wird einfach ein -s an die Einzahlform gehängt:

el port	der Hafen	**els ports**	die Häfen

Endet das Wort in der Einzahl auf -a, so lautet die Endung in der Mehrzahl stets -es (niemals -as!):

la dona	die Frau	**les dones**	die Frauen
el poeta	der Dichter	**els poetes**	die Dichter

Bei Wörtern, die bereits in der Einzahl auf -s enden, wird in der Mehrzahl ein -sos angehängt:

el gos	der Hund	**els gossos**	die Hunde

Eine letzte Ausnahme bilden Wörter, die auf einem betonten Selbstlaut enden. Fast immer ist hier ein -n weggefallen, das beim Anhängen des Mehrzahl-s wieder zum Vorschein kommt.

estació	Bahnhof	**estacions**	Bahnhöfe
avió	Flugzeug	**avions**	Flugzeuge
mà	Hand	**mans**	Hände
pi	Kiefer	**pins**	Kiefern

Dieses & Jenes

Die hinweisenden Fürwörter (Demonstrativpronomen) aquest (dieser) und aquell (jener) stehen meistens vor dem Hauptwort und verändern ihre Endung in Abhängigkeit vom Hauptwort, auf das sie sich beziehen:

m Ez	**aquest / aquell got** dieses / jenes Glas
m Mz	**aquests / aquells gots** diese / jene Gläser
w Ez	**aquesta / aquella tassa** diese / jene Tasse
w Mz	**aquestes / aquelles tasses** diese / jene Tassen

Die Formen aquest und aquests werden meistens „akett" und „aketts" ausgesprochen.

Um diese Wörter verwenden zu können, müssen Sie natürlich das Geschlecht des Hauptwortes kennen, auf das sie sich beziehen. Wenn Sie dieses aber nicht kennen oder wenn Sie nicht wissen, wie Sie eine Sache benennen sollen, benutzen Sie einfach das Wort això (dies da, das da) (sprich „escho" mit einem sehr offenen „o" wie im deutschen Wort „**O**rt").

Eigenschaftswörter

Die Eigenschaftswörter (Adjektive) richten sich in Zahl und Geschlecht nach dem dazugehörigen Hauptwort.

	männlich	weiblich
Ez	**el got barat**	**la tassa barata**
	das Glas billig	*die Tasse billige*
	das billige Glas	die billige Tasse
Mz	**els gots barats**	**les tasses barates**
	die Gläser billigen	*die Tassen billigen*
	die billigen Gläser	die billigen Tassen

Einige Eigenschaftswörter unterscheiden auch nur Einzahl und Mehrzahl, während die männlichen und weiblichen Formen übereinstimmen, so z. B. interessant (interessant):

un llibre interessant
ein interessantes Buch
una revista interessant
eine interessante Zeitschrift
dos llibres interessants
zwei interessante Bücher
dues revistes interessants
zwei interessante Zeitschriften

Im Allgemeinen steht das Eigenschaftswort nach dem Hauptwort, auf das es sich bezieht. Einige wenige, aber recht häufig vorkommende Eigenschaftswörter werden jedoch üblicherweise vorangestellt: gran (groß), primer (der/die/das erste), millor (der/die/das beste):

un gran amor	eine große Liebe
el primer pis	der erste Stock
la primera porta	die erste Tür
el millor amic	der beste Freund

Die Eigenschaftswörter richten sich in Geschlecht und Zahl wie im Deutschen nach dem Hauptwort, auf das sie sich beziehen:

gots plens	volle Gläser
tasses plenes	volle Tassen

Im Gegensatz zum Deutschen müssen Hauptwort und Eigenschaftswort auch dann übereinstimmen, wenn der Satz mit den Verben ser (sein) oder estar (sein) gebildet wird und das Eigenschaftswort Satzergänzung ist:

Els gots estan plens. *die Gläser(m,Mz) sind volle(m,Mz)* Die Gläser sind voll.
Les tasses estan plenes. *die Tassen(w,Mz) sind volle(w,Mz)* Die Tassen sind voll.
La tassa és barata. *die Tasse(w) ist billige(w)* Die Tasse ist billig.

Die weibliche Endung der Eigenschaftswörter ist sehr wichtig im Katalanischen und darf nicht vergessen werden, weil es sonst zu Missverständnissen kommt.

Estic cansat.	Ich bin müde. *(sagt Mann)*
Estic cansada.	Ich bin müde. *(sagt Frau)*

In einigen Fällen wird die weibliche Form unregelmäßig gebildet! Endet z. B. ein Eigenschaftswort auf -t, -c oder -u werden diese oft bei der weiblichen Form zu -d, -g oder -v umgewandelt und ein -a angehängt.

häufig gebrauchte Eigenschaftswörter

pobre	arm	**ric**	reich
barat	billig	**car**	teuer
prim	dünn	**gruixut, -da**	dick *(Ding)*
simple	einfach	**difícil**	schwierig
gandul	faul	**diligent**	fleißig
bo/bona	gut	**dolent**	schlecht
clar	hell	**fosc**	dunkel
jove	jung	**gran**	alt *(Person)*
fred	kalt	**calent**	heiß
petit	klein	**gran**	groß
curt	kurz	**llarg**	lang
lent	langsam	**ràpid**	schnell
lleuger	leicht	**pesat, -da**	schwer
alegre	lustig	**trist**	traurig
nou/nova	neu	**vell**	alt *(Ding)*
baix	niedrig	**alt**	hoch
correcte	richtig	**equivocat, -da**	falsch
net	sauber	**brut**	schmutzig
moll	weich	**dur**	hart

Farben

vermell	rot	**marró**	braun
groc/groga	gelb	**negre**	schwarz
verd	grün	**blanc**	weiß
blau/blava	blau		

Steigern & Vergleichen

Zur Bildung der 1. Steigerungsform (Mehrform) verwendet man das Wort més (mehr), das vor dem Eigenschaftswort steht. Dieses richtet sich wieder in Zahl und Geschlecht nach dem dazugehörigen Hauptwort.

„voller"	**més ple** (m)	**més plena** (w)
	més plens (m Mz)	**més plenes** (w Mz)
„größer"	**més gran** (w *oder* m)	
	més grans (w Mz *oder* m Mz)	

El vi és més car que l'aigua.
der Wein (er-)ist mehr teuer als das Wasser
Wein ist teurer als Wasser.

Einige Eigenschaftswörter bilden unregelmäßige Steigerungsformen:

bo	gut	**millor**	besser
dolent	schlecht	**pitjor**	schlechter

Um die 2. Steigerungsform (Meistform) zu bilden, gibt es zwei Möglichkeiten, die auch in ihrer Bedeutung klar unterschieden werden. Die erste Möglichkeit ist, den Artikel vor die 1. Steigerungsform zu setzen, z. B.:

el més ple	der vollste
la més plena	die vollste

Die zweite Möglichkeit ist, die Endung -íssim, -íssims, -íssima, -íssimes an das Eigenschaftswort anzuhängen. Achtung: Auch hier muss die Endung in Geschlecht und Zahl mit dem Hauptwort, auf das es sich bezieht, übereinstimmen:

un got pleníssim
ein Glas vollstes
ein randvolles Glas

una tassa grandíssima
eine Tasse vollste
eine riesengroße Tasse

un got molt ple
ein Glas sehr voll
ein sehr volles Glas

una tassa molt plena
eine Tasse sehr volle
eine sehr volle Tasse

Schließlich kann man ein Eigenschaftswort auch mit molt *(sehr) betonen.*

Wenn zwei Dinge oder Personen eine Eigenschaft in gleichem Maße besitzen, benutzt man den Ausdruck tan ... com (so sehr ... wie):

La Marta és tan intel.ligent com en Pere.
die Marta ist so-sehr intelligent wie der Peter
Marta ist genauso intelligent wie Peter.

Aquest got és tan ple com aquell.
dieses Glas ist so-sehr voll wie jenes
Dieses Glas ist genauso voll wie jenes.

Persönliche Fürwörter

Die persönlichen Fürwörter (Personalpronomen) werden im Katalanischen viel seltener gebraucht als im Deutschen. Sie werden meistens nur benutzt, um einen Unterschied zu betonen.

jo	ich	**nosaltres**	wir
tu	du	**vosaltres**	ihr
ell/ella	er/sie	**ells/elles**	sie *(m/w)*
vostè	Sie *(höfl. Ez)*	**vostès**	Sie *(höfl. Mz)*

Ell canta, però jo no.
er (er-)singt, aber ich nicht
Er singt, aber ich nicht.

wen? oder wem?

Die Formen für „wen?" oder „wem?" sind bis auf die 3. Person Einzahl gleich:

	3. Fall (wem?)		**4. Fall (wen?)**	
ich	mir	**em, m'**	mich	**em, m'**
du	dir	**et, t'**	dich	**et, t'**
er	ihm	**li**	ihn	**el, l'**
sie *(Ez)*	ihr	**li**	sie	**la, l'**
wir	uns	**ens**	uns	**ens**
ihr	euch	**us**	euch	**us**
sie *(Mz)*	ihnen	**els** (m)	sie	**els** (m)
sie *(Mz)*	ihnen	**les** (w)	sie	**les** (w)

Im Unterschied zum Deutschen stehen die gebeugten Formen grundsätzlich vor dem Tätigkeitswort:

Em coneix.
mich (er-)kennt
Er kennt mich.

Li deixa el seu cotxe.
ihm (er-)lässt der sein Auto
Er leiht ihm sein Auto.

Et conec.
dich (ich-)kenne
Ich kenne dich.

El veig.
ihn (ich-)sehe
Ich sehe ihn.

Die Formen mit Apostroph erscheinen vor Verben, die mit einem Selbstlaut (a, e, i, o, u) beginnen:

M'agrada.
mir (es-)gefällt
Es gefällt mir.

T'agrada.
dir (es-)gefällt
Es gefällt dir.

Besitzanzeigende Fürwörter

Um Besitzverhältnisse auszudrücken, verwendet das Katalanische eine Reihe besitzanzeigender Fürwörter (Possessivpronomen), die stets in Verbindung mit dem Artikel gebraucht werden.

	Besitz männlich		Besitz weiblich	
	Einzahl	**Mehrzahl**	**Einzahl**	**Mehrzahl**
ich	**el meu** mein	**els meus** meine	**la meva** meine	**les meves** meine
du	**el teu** dein	**els teus** deine	**la teva** deine	**les teves** deine
er/sie (Ez)	**el seu** sein/ihr	**els seus** seine/ihre	**la seva** seine/ihre	**les seves** seine/ihre
wir	**el nostre** unser	**els nostres** unsere	**la nostra** unsere	**les nostres** unsere
ihr	**el vostre** euer	**els vostres** eure	**la vostra** eure	**les vostres** eure
sie (Mz)	**el seu** ihr	**els seus** ihre	**la seva** ihre	**les seves** ihre

el meu amic
der mein Freund
mein Freund

la teva tassa
die meine Tasse
deine Tasse

els nostres gots
die unsere Gläser
unsere Gläser

les vostres amigues
die eure Freundinnen
eure Freundinnen

Tätigkeitswörter

Die Verben sind jeweils aus einem Stamm und einer Endung zusammengesetzt.

Grundform (Infinitiv)

In der Grundform haben die meisten katalanischen Verben eine der drei folgenden Endungen:

1. **-ar**	**cantar**	singen
2. **-re**	**perdre**	verlieren
3. **-ir**	**sentir**	hören, fühlen

Gegenwart

Im Katalanischen kann bereits ein allein stehendes Verb einen vollständigen Satz bilden. Dabei wird an den Stamm des Verbs die jeweilige Personalendung (ich, du, er/sie ...) angehängt. Im Deutschen ist das nicht möglich, da man die Person (z. B. Peter) oder das persönliche Fürwort (ich, du, er ...) immer mitnennen muss.

En Pere canta.	**Canta.**	**Canten.**
der Peter (er-)singt	*(er-)singt*	*(sie-)singen*
Peter singt.	Er singt.	Sie singen.

Je nach der Endung in der Grundform werden die regelmäßigen Verben nach folgenden

Mustern gebeugt, indem an den Stamm die jeweils nötige Endung angehängt wird.

Die Verben auf -ar sind die regelmäßigsten und bereiten keine Probleme:

Verben auf -ar

cantar	singen
canto	ich singe
cantes	du singst
canta	er/sie singt
cantem	wir singen
canteu	ihr singt
canten	sie singen

Die Betonung ist hier äußerst wichtig; daher ist sie durch Unterstreichung markiert. Die Endung -eu wird nicht wie im Deutschen, sondern wie eine kurze Folge von „ä“ und „u“ ausgesprochen.

Verben auf -re

perdre	verlieren
perdo	ich verliere
perds	du verlierst
perd	er/sie verliert
perdem	wir verlieren
perdeu	ihr verliert
perden	sie verlieren

Verben auf -ir

sentir	hören/fühlen
sento	ich höre
sents	du hörst
sent	er/sie hört
sentim	wir hören
sentiu	ihr hört
senten	sie hören

Viele Verben auf -ir bilden ihre Personalendungen nicht wie sentir, sondern setzen zwischen Wortstamm und Endung die Silbe -eix-:

servir	*„ßervi"*	bedienen
serveixo	*„ßerveschu"*	ich bediene
serveixes	*„ßervesches"*	du bedienst
serveix	*„ßervesch"*	er/sie bedient
servim	*„ßervim"*	wir bedienen
serviu	*„ßerviu"*	ihr bedient
serveixen	*„ßerveschen"*	sie bedienen

Viele häufig vorkommende Verben weichen in Einzelheiten von diesem Schema ab, wobei vor allem die 1. Person Einzahl (ich) oft unregelmäßig ist. Allgemein kann man zusammenfassen:

	Einzahl		Mehrzahl
ich	**-o** *od. unregelmäßig*	wir	**-em, -im**
du	**-es, -s**	ihr	**-eu, -iu**
er/sie	**-a** *od. endungslos*	sie	**-en**

unregelmäßige Verben

	anar *gehen*	**veure** *sehen*	**dir** *sagen*	**venir** *kommen*	**tenir** *haben*
ich	**vaig**	**veig**	**dic**	**vinc**	**tinc**
du	**vas**	**veus**	**dius**	**vens**	**tens**
er/sie	**va**	**veu**	**diu**	**ve**	**té**
wir	**anem**	**veiem**	**diem**	**venim**	**tenim**
ihr	**aneu**	**veieu**	**dieu**	**veniu**	**teniu**
sie	**van**	**veuen**	**diuen**	**venen**	**tenen**

Folgende wichtige unregelmäßige Verben kommen ziemlich häufig vor. Daher sollte man sich ihre Gegenwartsform gut einprägen.

	saber *wissen*	**creure** *glauben*	**voler** *wollen*	**poder** *können*	**fer** *machen*
ich	**sé**	**crec**	**vull**	**puc**	**faig**
du	**saps**	**creus**	**vols**	**pots**	**fas**
er/sie	**sap**	**creu**	**vol**	**pot**	**fa**
wir	**sabem**	**creiem**	**volem**	**podem**	**fem**
ihr	**sabeu**	**creieu**	**voleu**	**podeu**	**feu**
sie	**saben**	**creuen**	**volen**	**poden**	**fan**

ser / estar (sein)

Die Funktion des deutschen Verbs „sein" wird im Katalanischen von zwei verschiedenen Verben übernommen, nämlich von ser (als Variante der Grundform kommt auch ésser vor) und estar:

ser sein	**estar** sein	
sóc	**estic**	ich bin
ets	**estàs**	du bist
és	**està**	er/sie ist
som	**estem**	wir sind
sou	**esteu**	ihr seid
són	**estan**	sie sind

Das Verb ser wird verwendet, wenn es um etwas Unveränderliches oder um eine wesensmäßige Eigenschaft geht:

Sóc alemany.
(ich-)bin Deutscher
Ich bin Deutscher.

La tassa és blanca.
die Tasse (sie-)ist weiße
Die Tasse ist weiß.

Bei Ortsangaben, auch wenn der Aufenthalt nur vorübergehend ist, wird ser verwendet:

Sóc a casa.
(ich-)bin in Haus
Ich bin zu Hause.

La Marta és a Girona.
die Martha (sie-)ist in Girona
Martha ist in Girona.

Són al vaixell.
(sie-)sind auf-das Schiff
Sie sind auf dem Schiff.

Für alle anderen vorübergehenden Zustände, d. h. für alles nicht Wesensmäßige verwendet man dagegen estar:

Estic malalt.
(ich-)bin krank
Ich bin krank.

La tassa està plena.
die Tasse (sie-)ist volle
Die Tasse ist voll.

Die Unterscheidung von ser und estar ist äußerst wichtig, da sie oft einen großen Bedeutungsunterschied bewirkt:

La Marta és morta.
die Martha (sie-)ist tote
Martha ist tot.

La Marta està morta.
die Martha (sie-)ist tote
Martha ist todmüde.

besondere Verbkonstruktionen

haver de (müssen)

Hem de marxar a les quatre.
(wir-)haben zu marschieren um die vier
Wir müssen um vier (Uhr) aufbrechen.

Ho has de fer.
es (du-)hast zu machen
Du musst es tun.

haver-hi (vorhanden sein)

Hi ha tres arbres a la plaça.
da (es-)hat drei Bäume auf der Platz
Auf dem Platz stehen drei Bäume.

Aquí hi ha massa gent.
hier da (es-)hat zu-viele Leute
Hier sind zu viele Leute.

Hi ha gent que prefereix vi.
da (es-)hat Leute das bevorzugt Wein
Es gibt Leute, die lieber Wein mögen.

caldre (notwendig sein)

No cal fer-ho.
nicht (es-)ist-notwendig (zu-)tun-es
Man muss es nicht tun.

Cal pitjar aquí.
(es-)ist notwendig drücken hier
Man muss hier drücken.

semblar (scheinen)

La Marta sembla cantar.
die Marta (sie-)scheint singen
Marta scheint zu singen.

Sembla ser l'Antoni.
(es-)scheint sein der Anton
Es scheint Anton zu sein.

Vergangenheit

Die bisherigen Verbformen waren alle Gegenwartsformen. Für die Bildung der Vergangenheit gibt es zwei Möglichkeiten:

Am einfachsten ist die abgeschlossene Vergangenheit, die mit der Gegenwart des Hilfsverbs anar (gehen) und der Grundform des jeweiligen Verbs gebildet wird:

vaig cantar	ich sang
vas cantar	du sangst
va cantar	er/sie sang
vam* cantar	wir sangen
vau* cantar	ihr sangt
van cantar	sie sangen

Achtung: Als Hilfsverb für die Vergangenheit heißen die Formen für „wir" und „ihr" nicht anem *und* aneu, *sondern* vam *und* vau!

Diese Formen werden für Ereignisse verwendet, die bereits völlig abgeschlossen sind. Als Faustregel mag gelten: für alles, was man mindestens einmal überschlafen hat:

Vaig perdre la clau.
(ich-)gehe verlieren der Schlüssel
Ich habe den Schlüssel verloren. *(z.B. vor zwei Wochen, oder ich habe ihn längst wiedergefunden)*

Für alle Ereignisse des gleichen Tages bzw. für alles, dessen Auswirkungen noch wichtig oder

Es gibt noch eine dritte Vergangenheitsform, die uns hier aber nicht weiter zu beschäftigen braucht.

spürbar sind, benutzt man eine andere Vergangenheitsform. Diese wird gebildet mit der Gegenwart des Verbs haver (haben) und dem Partizip (Mittelwort der Vergangenheit; z. B. „gemacht") des jeweiligen Verbs:

he cantat	ich habe gesungen
has cantat	du hast gesungen
ha cantat	er/sie hat gesungen
hem cantat	wir haben gesungen
heu cantat	ihr habt gesungen
han cantat	sie haben gesungen

He perdut la clau.
(ich-)habe verloren der Schlüssel
Ich habe den Schlüssel verloren. *(z. B. stehe ich verzweifelt vor der verschlossenen Haustür)*

Die Partizipien der Verben werden je nach Endung in der Grundform unterschiedlich gebildet.

Grundform auf:		**Partizip endet auf:**	
cantar:	**-ar**	**cantat** (gesungen):	**-at**
perdre:	**-re**	**perdut** (verloren):	**-ut**
sentir:	**-ir**	**sentit** (gehört):	**-it**

Zukunft (Futur)

Die Zukunft wurde im Katalanischen früher durch die Grundform des Verbs und die entsprechende Gegenwartsform des Verbs haver (haben) gebildet, z. B.: cantar he (ich werde singen), cantar has (du wirst singen), cantar hem (wir werden singen) usw. Aber diese Formen werden heute natürlich nicht mehr gebraucht.

Im Laufe der Zeit sind diese Formen miteinander verschmolzen, so dass das Verb haver nur noch als Endung an die Grundform des jeweiligen Verbs angehängt wird.

Die Endungen lauten für alle Verben gleich.

cantaré	ich werde singen
cantaràs	du wirst singen
cantarà	er/sie wird singen
cantarem	wir werden singen
cantareu	ihr werdet singen
cantaran	sie werden singen

Zur Not kann man die Zukunft auch einfach mit dem der Gegenwartsform ausdrücken, z. B.: „ich fahre morgen" anstatt „ich werde morgen fahren".

Necessitarem dues hores.
(wir-)werden-brauchen zwei Stunden
Wir werden zwei Stunden brauchen.

Pagaré jo.
(ich-)werde-bezahlen ich
Ich zahle.

Rückbezügliche Verben

Rückbezügliche Verben erkennt man in der Grundform an der Endung -se, z. B. rentar-se (sich waschen).

rentar-se	sich waschen
em rento	ich wasche mich
et rentes	du wäschst dich
es renta	er/sie wäscht sich
ens rentem	wir waschen uns
us renteu	ihr wascht euch
es renten	sie waschen sich

Bei der Beugung wird die Endung zu einem selbständigen Wort, das vor dem Verb steht.

Die rückbezüglichen Fürwörter unterscheiden sich von den persönlichen Fürwörtern (im 4. bzw. Wenfall) nur in der 3. Person Einzahl und Mehrzahl (er/sie/es, sie). Die entsprechende Form lautet immer es (vgl. dazu das Kapitel „Persönliche Fürwörter".)

Nicht alle Verben, die im Deutschen rückbezüglich gebraucht werden, müssen auch im Katalanischen rückbezüglich sein (und umgekehrt), z. B. casar-se (heiraten), quedar-se (bleiben) oder dir-se (heißen):

Em dic Joan.
mir (ich-)sage Johann
Ich heiße Joan.

Es casen.
sich (sie-)heiraten
Sie heiraten.

Das rückbezügliche Fürwort es wird außerdem für Ausdrücke benutzt, bei denen man im Deutschen „man" verwendet:

Aquí es parla català.
hier sich (es-)spricht Katalanisch
Hier spricht man Katalanisch.

Les entrades es paguen a la porta.
die Eintritte sich (sie-)bezahlen an die Tür
Die Eintrittskarten bezahlt man an der Tür.

Auffordern

Es ist relativ einfach, jemanden, den man duzt, zu etwas aufzufordern, da die dazu benutzte Befehlsform (Imperativ), von wenigen

Ausnahmen abgesehen, mit der 3. Person Einzahl Gegenwart übereinstimmt:

Agafa els diners!	**Beu el teu cafè!**
(er-)nimmt die Dinare	*(er-)trinkt der deine Kaffee*
Nimm das Geld!	Trink deinen Kaffee!

Für eine Aufforderung an jemanden, den man siezt, braucht man die Möglichkeitsform (Konjunktiv), die allerdings nicht schwer zu erkennen ist, da stets ein -i am Wortende steht. Diese Verbform wird regelmäßig gebildet, indem man das -o der 1. Person Einzahl Gegenwart durch ein -i ersetzt: canto (ich singe) wird so zu canti (singen Sie!):

cantar:	**canti!**	Singen Sie!
perdre:	**perdi!**	Verlieren Sie!
sentir:	**senti!**	Fühlen Sie!
servir:	**serveixi!**	Bedienen Sie!

Einige der häufigsten Verben bilden die Befehlsform jedoch unregelmäßig, und da diese so außergewöhnlich wichtig sind, folgt hier eine kleine Liste dieser Ausnahmen:

anar:	**ves/vagi!**	Geh!/Gehen Sie!
dir:	**digues/digui!**	Sag!/Sagen Sie!
fer:	**fes/faci!**	Mach!/Machen Sie!
estar:	**estigues/estigui!**	Sei!/Seien Sie!
ser:	**sigues/sigui!**	Sei!/Seien Sie!
venir:	**vine/vingui!**	Komm/en Sie!

Anrede

Generell redet man sich häufiger mit „du“ an als bei uns. In einem einfacheren Café beispielsweise würde ein Katalane den Kellner durchaus duzen (und dieser ihn natürlich auch), selbst wenn sie keine intimen Freunde sind. Es können sogar Situationen entstehen, wo die Anrede „Sie“ als Distanzierung und fehlende Solidarität empfunden wird.

Am einfachsten und sichersten ist es für den Besucher allerdings, entweder darauf zu achten, welche Anrede der Gesprächspartner wählt (und dann dieselbe Form zu verwenden), beziehungsweise erst einmal „auf Verdacht“ zu siezen.

Das Wort „Sie“ heißt auf Katalanisch vostè, in der Mehrzahl vostès (sprich „vustä“ mit Betonung auf dem „ä“). Das Wort ist entstanden aus dem Ausdruck Vossa Mercè, was wörtlich übersetzt soviel wie „Eure Gnade“ bzw. „Euer Gnaden“ bedeutet. Natürlich denkt heute niemand mehr an diese alte, etwas pompöse Bedeutung, doch fordert das Wort im Katalanischen auch heute noch immer die gleiche Verbform wie „Eure Gnade“ im Deutschen, nämlich die 3. Person Einzahl, so als würde man über eine dritte Person sprechen:

Vostè és molt amable.
„Eure-Gnade“ ist sehr freundlich
Sie sind sehr freundlich.

Ebenso wie die anderen oben genannten persönlichen Fürwörter muss auch **vostè** nicht immer wiederholt werden; normalerweise spricht man den Gesprächspartner, den man siezen will, einfach in der 3. Person an, wobei man **vostè** hinzufügen kann oder auch nicht:

Ha dormit bé?
(er-)hat geschlafen gut
Haben Sie gut geschlafen?

Ha dormit bé, vostè?
(er-)hat geschlafen gut, „Euer-Gnaden"
Haben Sie gut geschlafen?

Anders als im Deutschen macht es im Katalanischen einen Unterschied, ob man eine oder mehrere Personen mit „Sie" anredet. Will man die obige Frage mehreren Personen stellen, so benutzt man die Mehrzahl von **vostè** und die 3. Person Mehrzahl des Verbs:

Han dormit bé, vostès?
(sie-)haben geschlafen gut, „Eure-Gnaden"
Haben Sie *(mehrere Personen)* gut geschlafen?

Fragen

Entscheidungsfragen – also Fragen, auf die man nur mit „ja“ oder „nein“ antworten kann – werden gebildet, indem man den entsprechenden Aussagesatz als Frage ausspricht.

Això és l'estació.	**Això és l'estació?**
das (es-)ist der Bahnhof	*das (es-)ist der Bahnhof*
Das ist der Bahnhof.	Ist das der Bahnhof?

Wenn die Frage sich auf das Tätigkeitswort bezieht, unterscheidet man die Frage vom entsprechenden Aussagesatz, indem man que (wörtlich übersetzt: dass) voranstellt:

T'agrada la pel.lícula.	**Que t'agrada la pel.lícula?**
dir gefällt der Film	*dass dir gefällt der Film*
Der Film gefällt dir.	Gefällt dir der Film?

Ergänzungsfragen werden mit Fragewörtern gebildet. Die wichtigsten Fragewörter sind:

què?	was?	**qui?**	wer?
com?	wie?	**per què?**	warum?
quan?	wann?	**on?**	wo?
d'on?	woher?	**cap a on?**	wohin?
quant?	wie viel?	*Richtung nach wo*	
quants?	wie viele?	**quin?**	welcher?

Verwechseln Sie nicht das Fragewort què (was?; sprich „kä“) mit que (dass; sprich „ke“)!

Què és això?
Was ist das?

Quan comença el concert?
Wann beginnt das Konzert?

Com et dius?
wie dich (du-)sagst
Wie heißt du?

Em dic Jaume.
mich (ich-)sage Jaume
Ich heiße Jaume.

Cap a on va aquell tren?
nach in wo geht jener Zug
Wohin fährt jener Zug?

Quants anys tens?
wie-viele Jahre hast
Wie alt bist du?

Das Fragewort quin (welcher, welche) hat verschiedene Formen und richtet sich wie ein Eigenschaftswort mit der Endung nach dem Hauptwort, auf das es sich bezieht:

Quin got vols?
welches Glas (du-)willst
Welches Glas willst du?

Aquest.
dieses
Dieses.

Quina tassa vol?
welche Tasse (er-/sie-)will
Welche Tasse will er/sie?

Aquesta.
diese
Diese.

Quins gots volen?
welche Gläser (sie-)wollen
Welche Gläser wollen sie?

Aquests.
diese
Diese.

Quines tasses voleu?
welche Tassen (ihr-)wollt
Welche Tassen wollt ihr?

Aquestes.
diese
Diese.

Verneinen

Aussagesätze verneint man, indem man einfach das Wörtchen no vor das Verb setzt:

La Montse no vé.	**En Pere no té diners.**
die Montse nicht kommt	*der P. nicht hat Dinare*
Montse kommt nicht.	Peter hat kein Geld.

Die Konstruktionen sind feststehende Ausdrücke und können nicht wörtlich übersetzt werden.

Für verneinende Ausdrücke wie „nichts, kein, nirgends" usw. kennt das Katalanische eine eigene Konstruktion, die gewissermaßen eine doppelte Verneinung darstellt. Die Verneinung geschieht nach folgendem Schema:

no ... res (nichts)

La Marta no té res.	**No entenc res.**
die Martha nicht hat nichts	*nicht verstehe nichts*
Martha hat nichts.	Ich verstehe nichts.

no ... cap (keiner, keine, kein)

Ells no tenen cap llibre.
sie nicht haben kein Buch
Sie haben kein Buch.

L'Àngels no té cap amic.
die Àngels nicht hat kein Freund
Àngels hat keinen Freund.

no ... gaire (nicht besonders)

No m'agrada gaire.
nicht mir (es-)gefällt sehr
Es gefällt mir nicht besonders.

No és gaire gran.
nicht (es-)ist besonders groß
Es ist nicht besonders groß.

Die folgenden Verneinungen funktionieren nach demselben Muster:

no ... ningú	niemand
no ... gens	gar nicht
no ... enlloc	nirgends
no ... mai	nie

Bindewörter

Bindewörter (Konjunktionen) werden in der Regel wie im Deutschen verwendet.

i	und	**encara que**	obwohl
o	oder	**perquè**	weil
però	aber	**que**	das, als,
sinó	sondern		welches
quan	als	**si**	ob

Vor allem que *wird sehr häufig verwendet und übernimmt mehrere Funktionen.*

Aquest pernil és més car que aquell.
dieser Schinken (er-)ist mehr teuer als jener
Dieser Schinken ist teurer als jener.

Vull que vinguis.
(ich-)will dass (du-)kommest
Ich will, dass du kommst.

el senyor que vam veure ahir
der Herr den (wir-)gingen sehen gestern
Der Herr, den wir gestern gesehen haben

Verhältniswörter

Die Verhältniswörter (Präpositionen) stehen wie im Deutschen vor dem Hauptwort.

a	auf, in,	**sota**	unter
	nach, zu	**entre**	zwischen
amb	mit	**cap a**	in Richtung
de	von	**fins**	bis (zeitlich)
des de	seit	**per a**	für
durant	während	**per**	durch
dins	in	**en**	in
davant	vor	**sense**	ohne
contra	gegen	**sobre**	über

Vor allem die zwei häufigsten Verhältniswörter a *und* de *können vielseitig eingesetzt werden.*

El llibre és a la taula.
Das Buch (es-)ist auf der Tisch
Das Buch ist auf dem Tisch.

Passem les vacances a la Costa Blanca.
(wir-)verbringen die Ferien auf die Costa Blanca
Wir verbringen die Ferien an der Costa Blanca.

Visc a Alemanya.
(ich-)lebe in Deutschland
Ich wohne in Deutschland.

Volen anar a Girona.
(sie-)wollen gehen in Girona
Sie wollen nach Girona fahren.

Vaig arribar a les set.
(ich-)gehe ankommen auf die sieben
Ich kam um sieben (Uhr) an.

Això és el plat del senyor Cervera.
das ist der Teller von-der Herr Cervera
Das ist Herrn Cerveras Teller.

Viele Funktionen übernimmt auch de *(von).*

Alícia al país de les meravelles
Alice in-das Land von die Wunder
Alice im Wunderland

Voldria una ampolla de vi negre.
(ich-)möchte eine Flasche von Wein schwarz
Ich hätte gern eine Flasche Rotwein.

A (auf), de (von), per (durch) verschmelzen mit den männlichen Artikeln el (Ez)/els (Mz), niemals jedoch mit den weiblichen Artikeln!

a + el	**= al**	auf dem, zu dem, zum
de + el	**= del**	von dem, vom
per + els	**= pels**	durch die
a + la	**= a la**	auf/zu der
de + les	**= de les**	von den

Zahlen & Zählen

Die Zahlen von 1-19 sowie die Zehner, 100 und 1000 muss man lernen, alle anderen Zahlen werden zusammengesetzt.

Grundzahlen

0	**zero**	10	**deu**
1	**u/un/una**	11	**onze**
2	**dos/dues**	12	**dotze**
3	**tres**	13	**tretze**
4	**quatre**	14	**catorze**
5	**cinc**	15	**quinze**
6	**sis**	16	**setze**
7	**set**	17	**disset**
8	**vuit**	18	**divuit**
9	**nou**	19	**dinou**

20	**vint**	40	**quaranta**
21	**vint-i-u/un/una**	50	**cinquanta**
22	**vint-i-dos/dues**	60	**seixanta**
23	**vint-i-tres**	70	**setanta**
24	**vint-i-quatre**	80	**vuitanta**
25	**vint-i-cinc**	90	**noranta**
30	**trenta**	100	**cent**
31	**trenta-u/un/una**	1000	**mil**

u bedeutet nur „eins“; will man eine konkrete Sache damit bezeichnen, verwendet man entweder die männliche Form un oder die weibliche Form una:

un got	*ein Glas*	ein Glas
una tassa	*eine Tasse*	eine Tasse

Auch dos (zwei) und cent (100) richten sich im Geschlecht nach dem Hauptwort, auf das sie sich beziehen:

dos gots *zwei Gläser*	zwei Gläser
dues tasses *zwei Tassen*	zwei Tassen
dos-cents gots *zwei-Hunderte Gläser*	zweihundert Gläser
dues-centes tasses *zwei-Hunderte Tassen*	zweihundert Tassen

3,40 €
tres euros, quaranta cèntims

1270,- €
mil dos-cents-setanta euros

Die alte spanische Währungseinheit pesseta/pessetes (Ez/Mz; abgekürzt: pta./ptes.) ist dagegen weiblich:

trenta-dues-mil-dues-centes-vint-i-dues pessetes (32.222 ptes.)

Die Währungseinheiten euro *(€, sprich „ä-uro")* *und* cèntim *(Cent, sprich „ßäntim")* *sind beide männlich. Der Euro wird im Katalanischen im Singular und Plural gebraucht:*
ein Euro = un euro
zwei Euro = dos euros

Ordnungszahlen

Achtung: Die Ordnungszahlen (d. h. „erster, fünfte" usw.) haben eine männliche Form und eine auf -a endende weibliche Form!

primer/primera	1.	**sisè/sisena**	6.
segon/segona	2.	**setè/setena**	7.
tercer/tercera	3.	**vuitè/vuitena**	8.
quart/quarta	4.	**novè/novena**	9.
cinquè/cinquena	5.	**desè/desena**	10.

Auch bei der Angabe von Adressen werden Ihnen die Ordnungszahlen begegnen: In Spanien ist es unüblich, den Namen an die Haustür oder ans Klingelschild zu schreiben. Wenn Ihnen also jemand seine Adresse gibt, sollten Sie sich sehr exakt das Stockwerk und die Wohnungstür vermerken – ansonsten werden Sie wohl oder übel irgendwo klingeln und nachfragen müssen. Diese Information findet sich normalerweise hinter der Hausnummer, z. B.:

Beachten Sie: pis *(Stockwerk, Wohnung) ist männlich, während* porta *(Tür) weiblich ist. – Sprich:*

C/Aragó 125, 3er, 2ona
Straße Aragón einhundertfünfundzwanzig, dritter(m), zweite(w)
Carrer Aragó cent-vint-i-cinc, tercer pis, segona porta
Aragón-Straße 125, dritter Stock, zweite Tür

Mengen & Maßangaben

cent grams	100 Gramm
un quilo	ein Kilo
un litre	ein Liter
una ampolla	eine Flasche
una dotzena	ein Dutzend
un paquet	ein Paket
un got – una tassa	ein Glas – eine Tasse

Zeitangaben

Die Stunden des Tages werden nach dem 12-Stunden-System angegeben.

Uhrzeit

Die Uhrzeiten sind weiblich, da man das weibliche Wort hora (Stunde) mitdenken muss.

la una	ein Uhr	**les tres**	drei Uhr
les dues	zwei Uhr	**les dotze**	zwölf Uhr

Quina hora és?
welche Stunde (es-)ist
Wie spät ist es?

Quina hora duus?
welche Stunde (du-)trägst
Wie spät hast du's?

És la una.
(es-)ist die eins
Es ist ein Uhr.

Són les dues.
(es-)sind die zwei
Es ist zwei Uhr.

... del matí	morgens (am Morgen)
... del migdia	mittags (am Mittag)
... de la tarda	nachmittags (am Nachmittag)
... de la nit	nachts (in der Nacht)

Um bei dem 12-Stunden-System Missverständnisse zu vermeiden, fügt man gegebenenfalls die Tageszeit hinzu.

les tres i cinc
die drei und fünf
fünf nach drei

les onze i mitja
die elf und halb
halb zwölf

les cinc i quart
die fünf und viertel
Viertel nach fünf

les dotze menys quart
die zwölf weniger viertel
Viertel vor zwölf

Zeitangaben

In Barcelona wird die Uhrzeit etwas anders angegeben, und zwar nach einem System, das auch im Deutschen manchmal verwendet wird.

un quart de cinc
ein viertel von fünf
viertel fünf
(= Viertel nach vier)

dos quarts de cinc
zwei viertel von fünf
halb fünf

tres quarts de cinc
drei viertel von fünf
drei viertel fünf
(= Viertel vor fünf)

A quina hora quedem?
auf welcher Stunde (wir-)bleiben
Für wie viel Uhr verabreden wir uns?

A les cinc de la tarda.
auf die fünf von der Nachmittag
Für fünf Uhr nachmittags.

A quina hora surt el tren?
auf welcher Stunde kommt-heraus der Zug
Um wie viel Uhr fährt der Zug ab?

A les sis vint-i-cinc del matí.
auf die sechs zwanzig-und-fünf von-dem Morgen
Um sechs Uhr fünfundzwanzig morgens.

Wochentage

dilluns	Montag
dimarts	Dienstag
dimecres	Mittwoch
dijous	Donnerstag
divendres	Freitag
dissabte	Samstag
diumenge	Sonntag

Ens veurem el divendres que vé.
uns (wir-)werden-sehen der Freitag der kommt
Wir sehen uns nächsten Freitag.

El dissabte he de tornar a casa.
der Samstag habe zu zurückkehren nach Hause
Samstag muss ich zurück nach Hause.

Els dissabtes s'hi pot ballar.
die Samstage sich da (es-)kann tanzen
Samstags kann man da tanzen.

Dimecres és el meu dia lliure.
Mittwoch ist der mein Tag frei
Mittwoch ist mein freier Tag.

wichtige Zeitangaben

avui	heute
demà	morgen
ahir	gestern
d'aquí ... dies *von hier ... Tage*	heute in ... Tagen
demà passat *morgen vergangen*	übermorgen
abans d'ahir *vor von-gestern*	vorgestern
aviat	bald

Monate / Datum

gener	Januar	**juliol**	Juli
febrer	Februar	**agost**	August
març	März	**setembre**	September
abril	April	**octubre**	Oktober
maig	Mai	**novembre**	November
juny	Juni	**desembre**	Dezember

al mes de juliol
in-der Monat von Juli
im Juli

al setembre
in-der September
im September

Al setembre sempre plou.
in-der September immer (es-)regnet
Im September regnet es immer.

el dia tres d'octubre
der Tag drei von Oktober
der 3. Oktober

el vint-i-cinc de desembre
der zwanzig-und-fünf von Dezember
der fünfundzwanzigste Dezember

25 de març de 1992
25 von März von 1992
25.3.1992

El vint-i-nou de maig és el meu aniversari.
der zwanzig-und-neun von Mai ist der mein Jahrestag
Am 29. Mai ist mein Geburtstag.

Kurz-Knigge

Touristen, die offensichtlich das ganze Land für eine riesige Strandparty halten und im Bikini, mit Shorts oder lächerlichen Sonnenhüten inmitten normal gekleideter Einheimischer durch die Stadt flanieren, ernten bei diesen immer wieder große Heiterkeitserfolge – auch wenn ihnen selbst das verborgen bleibt. Solche Touristen werden intern guiris genannt, was aus der Zigeunersprache stammt und so viel bedeutet wie „dümmlicher, desorientierter Ausländer".

Gehen Sie davon aus, dass das Land grundsätzlich viel weniger „exotisch" ist, als man gemeinhin annimmt und dass Sie daher mit **mitteleuropäischen Verhaltensweisen** selten anecken werden. Auch auf die Gefahr hin, billigen Schablonen und Vorurteilen aufzusitzen, sollten Sie wissen, dass die Katalanen vielleicht derjenige Bevölkerungsteil der Iberischen Halbinsel ist, der am stärksten vom stereotypen Bild des „typischen Spaniers" (den es natürlich ebenfalls nicht gibt!) abweicht.

Die Katalanen haben, anders als z. B. die Andalusier, nur eine sehr kurze arabische Besatzung erlebt und orientierten sich von jeher stark in Richtung Westen, nach Okzitanien, Frankreich und zum restlichen Mittelmeer hin. Sie begannen äußerst früh mit der Industrialisierung und sind dadurch gewissermaßen die mitteleuropäischsten unter den Bewohnern der Iberischen Halbinsel. Auf einige kleinere Abweichungen vom Gewohnten sollten Sie sich natürlich einstellen.

Tagesrhythmus

So ist z. B. der Tagesrhythmus deutlich anders als bei uns: Im Sommer wird zwischen 14 und 15 Uhr Mittag gegessen, das Abendessen gibt es zwischen 21 und 23 Uhr. Feste und Feiern beginnen im Sommer oft erst um 24 Uhr und gehen dann durchaus bis 6 Uhr morgens.

Nur guiris wundern sich daher, wenn ihnen außerhalb der engumgrenzten Touristenwelt kein Restaurant um 12 Uhr schon Mittagessen serviert. Fassen Sie das Phänomen einfach als eine Art von Zeitverschiebung auf, und verhalten Sie sich so, als sei es zwei bis drei Stunden früher, als die Uhr anzeigt.

Verabredete Uhrzeiten

Verabredete Uhrzeiten verstehen Sie besser als Näherungswerte mit einer etwa einstündigen Kulanzspanne (was nicht heißt, dass Sie selbst nun unbedingt auch zu spät kommen sollten). Da man sich ohnehin stets in irgendwelchen Bars verabredet, wird Ihnen die Wartezeit nicht allzu unangenehm sein – und wer weiß, vielleicht ergibt sich dort ja gleich eine weitere nette Bekanntschaft.

Bekanntschaften knüpfen

Allgemein knüpft man in Katalonien leichter Bekanntschaften als bei uns, was natürlich insbesondere für Ausländer gilt, die ein wenig Katalanisch können ... Eine Frage nach dem Weg, nach der Uhrzeit, nach Feuer o. ä. gibt dem Tischnachbarn (der schon die ganze Zeit interessiert auf Ihren Kauderwelsch Katalanisch geschaut hat) oft den ersehnten Vorwand, Sie zu fragen, wo Sie herkommen usw. – und der Kontakt ist hergestellt.

Funktion der Privatwohnung und der Bars

Die Funktion der Privatwohnung und der Bars unterscheidet sich deutlich von vergleichbaren Institutionen bei uns; selbst für wohlhabende Städter ist die Wohnung eher ein Ort, wo man schläft und vielleicht am Wochenende mal Verwandte einlädt. Die restlichen sozialen Aktivitäten spielen sich in den Bars ab, die somit eine Art „öffentliche Wohnzimmer" sind. Eine Einladung nach Hause ist daher immer schon eine etwas förmlichere Angelegenheit.

Zusammen ausgehen & bezahlen

Wenn Sie mit Katalanen zusammen in einer Bar sitzen, sollten Sie die Spielregeln kennen, nach denen das Bezahlen geregelt ist. Wenn Sie nämlich nicht aufpassen oder zuweilen nicht mit List und Tücke vorgehen, werden Sie es als Gast kaum je schaffen zu bezahlen, weil stets schon jemand vor Ihnen für Sie mitbezahlt hat. Das kann man sich natürlich ruhig einmal gefallen lassen, doch früher oder später möchte man dann doch auch einmal selbst bezahlen (d. h. natürlich für die anderen mit). Oft lässt sich das nur durch einen frühzeitigen fingierten Toilettengang machen, den man zum Bezahlen nutzt. Wenn die Rechnung am Tisch bezahlt wird, steuert jeder (aufgerundet!) so viel bei, wie er meint, verzehrt zu haben. Das sorgfältige Auseinanderrechnen der Rechnung, wenn man zu mehreren Personen gegessen hat, gilt als kleinkrämerisch und ist auch von seiten des Restaurants oft nicht vorgesehen.

Gesten & Handzeichen

Gesten und Handzeichen sind in Katalonien etwa so verbreitet und wichtig wie in Deutschland, nämlich nicht besonders. Dennoch gibt es einige:

Der **Schlag mit der linken Hand auf den rechten Oberarm,** wobei der rechte Unterarm in einer wegwerfenden Geste nach oben schnellt, ist als botifarra (wörtlich: Wurst) bekannt und bedeutet soviel wie: „Zum Teufel damit" oder „Ist mir scheißegal".

Hin- und Herbewegen des erhobenen Zeigefingers (wobei der Handrücken auf einen selbst zeigt) bedeutet „Nein".

Das **Umarmen beim Abschied oder bei der Begrüßung** einschließlich der zwei Küsschen (eins links, eins rechts - Achtung Brillenträger!) hat nichts mit Erotik zu tun, sondern ist die normale Begrüßung unter Bekannten.

Floskeln & Redewendungen

Geordnet nach Situationen habe ich Ihnen die wichtigsten idiomatischen Redewendungen zusammengestellt, die man aus dem Deutschen nicht ohne Weiteres wörtlich übersetzen kann.

sich begrüßen

Hola!	Hallo!
Bon dia!	Guten Tag! Guten Morgen!
Bona tarda!	Guten Tag! (nachmittags)
Bona nit!	Gute Nacht! (Zubettgehen)

Oft wird zur Begrüßung auch gefragt, wie es einem geht. Fassen Sie das nicht als echte Frage auf, sondern eher als Ritual und antworten Sie „Gut!“. Wenn sich danach ein Gespräch ergibt, kann man ja immer noch erzählen, wie es einem wirklich geht:

Hola! Com va això?
hallo! wie geht das
Hallo! Wie geht's?

Com està?
wie (er-)ist
Wie geht es Ihnen?

Què tal?
wie solchermaßen
Wie geht's?

Hola! Bé, gràcies, i vostè?
Hallo! Gut, danke, und Ihnen?

Igualment.
Ebenfalls.

Wenn man sich etwas besser kennt, kann die Begrüßung natürlich auch so aussehen:

Ep! Hola! Com estàs?
he! hallo! wie (du-)bist
He! Hallo! Wie sieht's aus?

Com sempre.
Wie immer.

Així així.
So la la.

Fatal.
Übel.

Fotut.
Völlig fertig.

sich verabschieden

Adéu!	Auf Wiedersehen!
Adéu-siau!	Gott befohlen!
A reveure!	Auf Wiedersehen!
Fins aviat!	Bis bald!
Fins demà!	Bis morgen!
Fins més tard!	Bis später!
Fins després!	Bis später!

Me'n vaig.
mich von(-hier) gehe
Ich gehe.

Me n'he d'anar.
mich davon habe zu gehen
Ich muss los

Ens n'anem.
uns von(-hier) (wir-)gehen
Wir gehen.

Marxem.
(wir-)gehen
Wir gehen

Fotem el camp! *(Hauen wir ab!) ist eher flapsig als obszön.*

Que vagi bé!
dass (es-)gehe gut
Alles Gute!

Foto el camp.
(ich-)bumse das Feld
Ich haue ab.

Das letzte wirkt im Katalanischen längst nicht so vulgär wie im Deutschen, da die ursprüngliche Bedeutung des umgangssprachlich beliebten Verbs fotre (bumsen) langsam von anderen Bedeutungen überlagert wird.

sich entschuldigen

Perdó!	Entschuldigung!
Perdoni!	Entschuldigen Sie!
Perdona!	Entschuldige!
Disculpi!	Entschuldigen Sie!

No ho volia.
nicht es (ich-)wollte
Ich wollte es nicht.

No ha estat a posta.
nicht ist gewesen absichtlich
Es war keine Absicht.

No ha estat res.
nicht (es-)ist gewesen nichts
Es war nichts.

Ja està.
schon (es-)ist
Schon gut.

No es preocupi.
nicht sich (er-)sorge
Machen Sie sich keine Sorgen.

Em sap greu.
mir (es-)schmeckt schwer
Das tut mir Leid.

berichten

Saps què m'ha passat?
(du-)weißt was mir hat passiert
Weißt du, was mir passiert ist?

Sembla que ...
(es-)scheint dass
Es scheint, dass ...

M'han contat que ...
mir (sie-)haben erzählt dass
Man hat mir erzählt, dass ...

Escolta, acabo d'assabentar-me que ...
hör, (ich-)beende zu informieren-mich dass
Hör mal, ich erfahre gerade, dass ...

meinen

Crec que ...
Ich glaube, dass ...

Penso que ...
Ich denke, dass ...

Estic convençut de que ...
(ich-)bin überzeugt von dass
Ich bin überzeugt, dass ...

La meva opinió és que ...
die meine Meinung ist dass
Meine Meinung ist, dass ...

Mira, crec que ...
schau, (ich-) glaube dass
Also ich glaube ...

Doncs, jo penso ...
Also, ich (ich-)glaube
Also ich denke ...

zustimmen

D'acord.
von Übereinstimmung
Einverstanden.

Té raó.
(er-)hat Vernunft
Sie haben Recht.

Tens tota la raó.
(du-)hast ganze die Vernunft
Du hast völlig Recht.

Ja ho pots dir, ja.
schon es (du-)kannst sagen, schon
Das kann man wohl sagen.

Estic completament d'acord.
(ich-)bin völlig von Übereinstimmung
Da sind wir völlig einer Meinung.

Sí!	Ja!
I tant!	Allerdings!
Exacte!	Genau!
És clar!	Natürlich!
És veritat!	Das ist wahr!

ablehnen

No hi estic d'acord.
nicht damit (ich-)bin von Übereinstimmung
Damit bin ich nicht einverstanden.

No és així.
nicht (es-)ist so
Das ist nicht so.

De cap de les maneres.
auf keine von den Arten
Auf keinen Fall.

Vostè s'equivoca.
Euer-Gnaden sich irrt
Sie irren sich.

Estàs equivocat.
(du-)bist geirrt
Du irrst dich.

No em convenç.
nicht mich (es-)überzeugt
Das überzeugt mich nicht.

No ho crec.
nicht es (ich-)glaube
Das glaube ich nicht.

Això no té ni cap ni peus.
das nicht hat nicht Kopf nicht Füße
Da ist nichts wahr dran.

No expliquis barbaritats.
nicht (du-)erzähle Blödsinn
Erzähl keinen Blödsinn.

Mentida!	Lüge!
Bestieses!	Quatsch!
Però què dius? *aber was (du-)sagst*	Was redest du denn da?

überzeugen

Cregui'm!
Glauben Sie mir!

Creu-me!
Glaube mir!

Escolta'm un segon!
hör-zu mir eine Sekunde
Hör mir mal einen Moment zu!

No queda dubte que ...
nicht bleibt Zweifel dass
Es ist zweifellos so, dass ...

Si t'ho dic ...
wenn dir es (ich-)sage
Wenn ich es dir doch sage ...

T'ho pots ben creure.
dir es (du-)kannst gut glauben
Das kannst du mir ruhig glauben.

Li asseguro que ...
ihm (ich-)versichere dass
Ich versichere Ihnen, dass ...

Estic segur que ...
(ich-)bin sicher dass
Ich bin mir sicher, dass ...

sich freuen

M'ho passo molt bé.
mir es (ich-)verbringe sehr gut
Ich amüsiere mich prima.

Estic contentíssim!
(ich-)bin zufriedenst
Ich freue mich sehr!

M'agrada molt!
mir (es-)gefällt sehr
Es gefällt mir sehr!

M'ha agradat moltíssim!
mir (es-)hat gefallen äußerst
Es hat mir ganz toll gefallen!

Quina alegria!
welche Freude
Was für eine Freude!

Meravellós!	Wunderbar!
Excel.lent!	Hervorragend!
Quin goig! *welch Genuss*	Was für eine Freude!
Que bé!	Wie schön!
De puta mare! *von Hure Mutter*	Saustark!
Guai!	Geil!

jemanden einladen / etwas vorschlagen

Que et sembla si fem un passeig?
dass dir (es-)scheint wenn (wir-)machen einen Spaziergang
Hast du Lust, spazieren zu gehen?

Per què no anem a fer un cafè?
warum nicht (wir-)gehen zu machen ein Kaffee
Warum gehen wir nicht einen Kaffee trinken?

No et faria ganes anar a la platja?
nicht dir (es-würde-)machen Lust gehen an der Strand
Hättest du nicht Lust, mit an den Strand zu kommen?

Sortim a fer una cervesa?
(wir-)hinausgehen zu machen ein Bier
Gehen wir ein Bier trinken?

Vinga, et convido a un gelat!
(er-)komme, dich (ich-)einlade auf ein Eis
Los, ich lade dich zu einem Eis ein!

Vols que t'acompanyi a casa?
(du-)willst dass dich (ich-)begleitete nach Hause
Soll ich dich nach Hause bringen?

Anem a ...?
(wir-)gehen zu
Gehen wir ...?

Et fa ganes ...?
dir (es-)macht Lust
Hast du Lust zu ...?

Vols ...?	Möchtest du ...?
Suggereixo ...	Ich schlage vor ...
Au, ...!	Los, ...!
Vinga, ...!	Komm, ...!

Vorschlag annehmen

D'acord.
von Übereinstimmung
Einverstanden.

Amb molt de gust.
mit viel von Genuss
Mit dem größten Vergnügen.

És clar que sí!
(es-)ist klar dass ja
Aber natürlich!

Està fet!
(es-)ist gemacht
Abgemacht!

Per què no?
warum nein
Warum nicht?

Està bé!
(es-)ist gut
Na gut!

Bona idea!
gute Idee
Gute Idee!

Entesos!
einverstanden
Einverstanden!

gleichgültig sein

M'és igual.
mir (es-)ist egal
Das ist mir egal.

Tant m'és.
so-sehr mir (es-)ist
Das ist mir egal.

Se me'n fot.
sich mir davon (es-)bumst
Ist mir scheißegal.

No em va ni em vé.
nicht mir geht noch mir kommt
Ist mir egal.

I què?
und was
Na und?

Vostè decideix.
Euer-Gnaden entscheidet
Entscheiden Sie.

Fes el que vulguis.
mach das was (du-)würdest-wollen
Mach, was du willst.

No m'importa.
nicht mir (es-)ist-wichtig
Das ist mir egal.

unsicher sein

Encara dubto.
noch (ich-)zweifele
Ich schwanke noch.

No n'estic segur.
nicht davon bin sicher
Ich bin mir nicht sicher.

No sé què fer.
nicht (ich-)weiß was tun
Ich weiß nicht, was ich tun soll.

Què vols que faci?
was (du-)willst dass (ich-)täte
Was soll ich denn machen?

Estic confús.
(ich-)bin konfus
Ich bin verwirrt.

No em puc decidir.
nicht mich (ich-)kann entscheiden
Ich kann mich nicht entscheiden.

bedauern / ablehnen

No, gràcies.
nein, danke
Nein, danke.

Em sap greu.
mir (es-)schmeckt schwer
Es tut mir Leid.

Ho sento.
es (ich-)fühle
Es tut mir Leid.

No vull.
nicht (ich-)will
Ich will nicht.

No em fa ganes.
nicht mir (es-)macht Lust
Ich habe keine Lust.

Ho lamento.
es (ich-)bedauere
Ich bedauere.

D'això res.
von dem nichts
Kommt nicht in Frage.

No m'entusiasma gaire.
nicht mich (es-)begeistert sehr
Das begeistert mich nicht gerade.

No crec que valgui la pena.
nicht (ich-)glaube dass (es-)lohnen-würde die Mühe
Ich glaube nicht, dass das die Mühe wert ist.

sich ärgern

Quina putada!
welche Hurerei
Schweinerei!

És una vergonya!
(es-)ist eine Scham
Es ist eine Schande!

Quin fàstic!
welcher Ekel
Igittigitt!

És molt desagradable.
(es-)ist sehr unangenehm
Das ist sehr unangenehm.

Estic molt empipat.
(ich-)bin sehr verärgert
Ich bin sehr verärgert.

Però escolti!
doch (er-)höre
Aber hören Sie mal!

No hi ha dret.
nicht da (es-)hat Recht
Das ist ja unerhört!

Això és el súmmum.
das (es-)ist das höchste
Das ist ja wohl die Höhe!

Aquest cotxe de merda!
dieses Auto von Scheiße
Dieses Scheißauto!

Això sobrepassa tots els límits!
das (es-)überschreitet alle die Grenzen
Das geht jetzt aber wirklich zu weit!

wünschen

Tinc ganes de ...
(ich-)habe Lust zu
Ich habe Lust zu ...

M'agradaria tant ...
mir (es-)gefiele so-sehr
Wie gern würde ich jetzt ...

Espero que vinguis aviat.
(ich-)hoffe dass (du-)kämst früh
Ich hoffe, du kommst bald.

Si poguéssim ...!
falls (wir-)könnten
Wenn wir nur ... könnten!

Tant de bo!
soviel von gut
Hoffentlich!

Si fos així!
wenn (es-)wäre so
Ich wünschte, es wäre so!

überrascht sein

Quina sorpresa!
welche Überraschung
Was für eine Überraschung!

No m'ho puc creure!
nicht mir es (ich-)kann glauben
Ich glaube es nicht!

De veritat?
von Wahrheit
Wirklich?

Però què ha passat?
doch was (es-)hat passiert
Aber was ist denn passiert?

És increïble!
Es ist unglaublich!

Què?
Was?

Déu meu!
Mein Gott!

Això no m'ho havia esperat.
das nicht mir es (ich-)hatte erwartet
Damit hatte ich nicht gerechnet.

No pot ser veritat!
nicht (es-)kann sein Wahrheit
Das kann doch nicht wahr sein!

M'he quedat bocabadat.
mich (ich-)habe geblieben mit-offenem-Mund
Da ist mir der Unterkiefer runtergefallen.

sich unwohl fühlen

No em sento bé avui.
nicht mich (ich-)fühle gut heute
Ich fühle mich nicht gut heute.

No estic catòlic.
nicht (ich-)bin katholisch
Ich fühle mich kränklich.

No estic gens bé.
nicht (ich-)bin überhaupt-nicht gut
Mir geht es gar nicht gut.

Em sento malalt.
mich (ich-)fühle krank
Ich fühle mich krank.

Estic fet pols.
(ich-)bin gemacht Staub
Ich bin völlig fertig.

sich langweilen

M'estic avorrint.
mich (ich-)bin langweilend
Ich langweile mich.

No t'avorreixes?
nicht dich (du-)langweilst
Langweilst du dich nicht?

Què fem per aquí?
was (wir-)machen um hier
Was tun wir hier?

Aquesta peli no em diu res.
dieser Film nicht mir (er-)sagt nichts
Dieser Film sagt mir nichts.

M'avorreixo com una ostra.
mich (ich-)langweile wie eine Auster
Mir ist stinklangweilig.

Això em deixa fred.
das mich (es-)lässt kalt
Das lässt mich kalt.

enttäuscht sein

Estic desenganyat.
(ich-)bin enttäuscht
Ich bin enttäuscht.

Quina llàstima!
welche schade
Wie schade!

Què hi hem de fer?
was da (wir-)haben zu machen
Was soll man da machen?

No ha valgut la pena.
nicht (es-)hat gelohnt die Mühe
Das hat sich nicht gelohnt.

No s'hi pot fer res.
nicht sich da (er-)kann machen nichts
Da kann man nichts machen.

Si ho hagués sabut!
wenn es (ich-)hätte gewusst
Wenn ich das gewusst hätte!

Angst haben

Em preocupa ...
mich (es-)beunruhigt
Ich bin besorgt wegen ...

Tinc por.
(ich-)habe Angst
Ich habe Angst.

M'he espantat.
mich (ich-)habe erschrocken
Ich habe mich erschrocken.

Estic concagat de por.
(ich-)bin eingeschissen von Angst
Ich habe einen Mordsschiss.

Estic preocupat per ...
(ich-)bin besorgt wegen
Ich mache mir Sorgen wegen ...

Em fa una mica de por que ...
mir (es-)macht einen Krümel von Angst dass
Es macht mir ein bisschen Angst, dass...

Mitleid haben

Quina mala sort!
welches schlechte Glück
So ein Pech!

Pobre!
Armer
Du Armer!

Em puc imaginar com et deus sentir.
mir (ich-)kann vorstellen wie dich (du-)magst fühlen
Ich kann mir vorstellen, wie dir zumute sein muss.

Quina putada que t'han fet!
welche Hurerei das dir (sie-)haben gemacht
Eine Riesenschweinerei, was sie da mit dir gemacht haben!

Em sap greu que t'hagi passat això.
mir (es-)schmeckt schwer dass dir (es-)habe passiert das
Es tut mir Leid, dass dir das passieren musste.

trösten

No és per tant, home.
nicht (es-)ist für soviel, Mensch
So schlimm ist es nun auch wieder nicht.

Ànim!
Mut
Kopf hoch!

Hauria pogut acabar pitjor.
(es-)hätte gekonnt enden schlimmer
Es hätte auch schlimmer ausgehen können.

Això ja s'arreglarà.
das schon sich (es-wird-)regeln
Das wird schon wieder in Ordnung kommen.

sich verteidigen

Deixi'm tranquil/tranquil.la!
(er-)lasse mich ruhig(m/w)
Lassen Sie mich in Ruhe!
(sagt Mann/Frau)

No es posi pesat!
nicht sich (er-)werde schwer(m)
Werden Sie nicht lästig!
(zu einem Mann)

Deixa'm en pau!
lass mich in Frieden
Lass mich in Ruhe!

Vols callar!
(du-)willst schweigen
Sei still!

Ves-te'n a la merda!
geh dich davon in die Scheiße
Geh zur Hölle!

No em toquis els collons!
nicht mir mögest-berühren die Hoden
Geh mir nicht auf den Geist!

Quin plom que ets!
welches Blei das (du-)bist
Du bist vielleicht aufdringlich!

No veus que fas nosa?
nicht (du-)siehst dass (du-)machst Belästigung
Merkst du nicht, dass du störst?

einen Rat geben

No dubtis!	**No ho facis!**	**Fes-ho!**
nicht (du-)zweifeltest	*nicht es (du-)tätest*	*tu-es*
Mach's doch!	Tu's nicht!	Tu es!

Si jo fos de tu, ho faria.
wenn ich wäre von du, es (ich-)täte
Wenn ich du wäre, würde ich es machen.

T'aconsello ...
dir (ich-)rate
Ich rate dir ...

beurteilen

El vi m'agrada molt.
der Wein mir (er-)gefällt sehr
Ich mag den Wein sehr.

La Rosa em cau molt bé.
die Rosa mir (sie-)fällt sehr gut
Rosa mag ich sehr.

En Pere, el trobo molt simpàtic.
der Peter, ihn (ich-)finde sehr sympathisch
Peter finde ich sehr nett.

En Pep em cau fatal.
der Joseph mir (er-)fällt fatal
Joseph kann ich nicht ausstehen.

No suporto el flamenc.
nicht (ich-)ertrage der Flämische
Ich mag Flamenco nicht besonders.

Odio la carn mig crua!
(ich-)hasse das Fleisch halb roh
Ich hasse halbrohes Fleisch.

És ...	**Això és ...**	**Això ho trobo ...**
(es-)ist	*das (es-)ist*	*das es (ich-)finde*
Es ist ...	Das ist ...	Das finde ich ...

In diese Sätze können Sie zum Beispiel die Wörter der folgenden Liste einsetzen.

fantàstic	phantastisch
repugnant	abstoßend
horrible	schrecklich
amable	freundlich
graciós	lustig
de molt bon gust *von sehr gut Geschmack*	geschmackvoll
antipàtic	unsympathisch
agradable	angenehm
insuportable	unerträglich
bonic	hübsch
cursi	kitschig
fatal	scheußlich
avorrit/avorrida (m/w)	langweilig
pesat/pesada (m/w)	lästig

Sympathie

Em caus simpàtic.
mir (du-)fällst sympathisch(m)
Du bist mir sympathisch. *(zum Mann)*

Ets magnífica.
(du-)bist großartig(w)
Du bist großartig. *(zur Frau)*

M'agrades.
mir (du-)gefällst
Du gefällst mir.

Ets un tros de pa.
(du-)bist ein Stück von Brot
Du bist ein netter Typ.

Liebe

T'estimo.
dich (ich-)liebe
Ich liebe dich.

Jo t'estimo també.
ich dich (ich-)liebe auch
Ich liebe dich auch.

M'he enamorat.
mich (ich-)habe verliebt
Ich habe mich verliebt.

Ja tinc un company.
schon (ich-)habe ein Genosse
Ich habe schon einen Freund.

La meva companya m'acaba d'abandonar.
die meine Genossin mich (sie-)beendet zu verlassen
Meine Freundin hat mich gerade verlassen.

Estic enamorada d'en Pere.
(ich-)bin verliebt(-weibl.) vom Peter
Ich habe mich in Peter verliebt.

allgemeine Floskeln

Escolta! *hör*	He!, Hör mal!
Escolti! *(er-)höre*	Hören Sie!
Em permet? *mir (er-)gestattet*	Gestatten Sie?
Té./Tingui. *nimm/(er-)nehme*	Nimm./Nehmen Sie.
Home!	Mensch!
A veure ... *zu sehen*	Mal sehen ...
Com ha dit? *wie (er-)hat gesagt*	Wie haben Sie gesagt?
Imagina't! *vorstell dir*	Stell dir mal vor ...
Fixa't! *fixiere dich*	Sieh mal an!
Què hi ha? *was hier (es-)hat*	Was liegt an?
És a dir ... *(es-)ist zu sagen*	Das heißt, ...
A més a més ... *auf mehr auf mehr*	Außerdem ...
Per l'altra banda ... *auf die andere Seite*	Andererseits ...
Tanmateix ...	Dennoch ...

Hinweisschilder

Obert	offen
Tancat	geschlossen
Entrada	Eingang
Sortida	Ausgang
Eixida	Ausfahrt (in València)
Serveis	Toiletten
Homes	Herren
Dones	Damen
Lliure	frei
Ocupat	besetzt
Estireu	ziehen
Empenyeu	drücken
a vendre	zu verkaufen
a llogar	zu vermieten
No fumeu!	Nicht rauchen!
No trepitgeu la gespa!	Rasen nicht betreten!
Perill de mort!	Lebensgefahr!

Bekanntschaften machen

So könnte Ihr erstes Gespräch mit einer Katalanin aussehen:

Perdona, que tens foc?
entschuldige, dass (du-)hast Feuer
Entschuldigung, hast du mal Feuer für mich?

No, em sap greu, però no fumo.
nein, mir (es-)schmeckt schwer, aber nicht rauche
Nein, tut mir Leid, aber ich rauche nicht.

Escolta, però tu no ets d'aquí, oi?
hör, aber du nicht (du-)bist von hier, nicht-wahr
Hör mal, du bist aber nicht von hier, stimmt's?

No, sóc alemany/alemana.
nein, (ich-)bin Deutscher/Deutsche
Nein, ich bin Deutscher/Deutsche.

Però com és que parles català?
aber wie (es-)ist dass (du-)sprichst Katalanisch
Aber wieso sprichst du dann Katalanisch?

Doncs, estic contentíssima!
also, (ich-)bin zufriedenst(-weibl.)
Also das finde ich ganz toll!

No el parlo encara; només en sé una mica.
nicht es (ich-)speche noch; nur davon (ich-)weiß einen Krümel
Ich spreche noch nicht richtig; ich kann es nur ein bisschen.

Per què no t'asseus amb nosaltres?
warum nicht dich (du-)setzt mit uns
Warum setzt du dich nicht zu uns?

Així encara no tens foc ...
so noch nicht (du-)hast Feuer
So hast du immer noch kein Feuer ...

sich bekannt machen

Com et dius? **Em dic Núria; i tu?**
wie dich (du-)sagst *mich (ich-)sage Núria; und du*
Wie heißt du? Ich heiße Núria; und du?

Això és el meu amic Pep.
das (er-)ist der mein Freund Pep
Das ist mein Freund Pep.

Hola, com va això?
hallo, wie (es-)geht das
Hallo, wie geht's?

I quin és el teu cognom?
und welcher ist der dein Zuname
Und wie ist dein Nachname?

El meu cognom és ...
der mein Zuname ist
Mein Nachname ist ...

Li presento el senyor Puig ...
ihm (ich-)presentiere der Herr Puig
Darf ich Ihnen Herrn Puig vorstellen ...

Molt de gust!
viel von Genuss
Angenehm!

in der Disco

Anem de marxa, avui.
(wir-)gehen von Marsch, heute
Heute machen wir einen drauf.

Vols ballar?
(du-)willst tanzen
Möchtest du tanzen?

No, perdona, però ara no en tinc ganes.
nein, entschuldige, aber jetzt nicht davon (ich-)habe Lust
Nein, entschuldige, aber jetzt habe ich keine Lust dazu.

I tant! Vinga, anem-hi.
und soviel! (er-)komme, (wir-)gehen hin
Ja gern. Komm, gehen wir.

No sé ballar.
nicht (ich-)weiß tanzen
Ich kann nicht tanzen.

Das Wort cony! *ist hier kaum stärker als das deutsche „verdammt nochmal“.*

Ja t'he dit que no, cony!
schon dir (ich-)habe gesagt dass nein, Möse
Ich hab's doch schon gesagt: Nein, verdammt nochmal!

Das Katalanische hat eine mediterrane Schimpfkultur, die uns auf den ersten Blick schockierend obszön vorkommt. Die deutschen Übersetzungen geben den wörtlichen

Sinn wieder, vermitteln aber einen falschen Eindruck davon, wie vulgär ein Schimpfwort auf Katalanen wirkt.

Has vingut amb més gent?
(du-)hast gekommen mit mehr Leute
Bist du mit mehr Leuten hier?

Surto fora un moment.
(ich-)gehe-raus draußen ein Moment
Ich gehe mal einen Moment raus.

Que véns?
dass (du-)kommst
Kommst du mit?

Deixa'm en pau!
lass mich in Frieden
Lass mich in Ruhe!

Per què no anem a un lloc més tranquil?
warum nicht (wir-)gehen zu ein Ort mehr ruhig
Warum gehen wir nicht an einen ruhigeren Ort?

an der Theke

Anem a la barra a fer una copa?
(wir-)gehen an die Theke zu machen ein Glas
Gehen wir an die Theke einen Schluck trinken?

Què prens tu?
was (du-)nimmst du
Was nimmst du?

Què m'aconselles?
was mir (du-)empfiehlst
Was empfiehlst du mir?

Bé, jo per la meva part prenc un cubata.
gut, ich für den mein Teil (ich-)nehme ein Longdrink
Also ich jedenfalls nehme einen Longdrink.

una canya	ein Bier vom Fass
una copa de xampany	ein Glas Sekt
una tònica	ein Tonic water
un suc de taronja	ein Orangensaft
un campari amb gel	ein Campari mit Eis

Ara et convido jo, però!
jetzt dich (ich-)einlade ich, aber
Jetzt lade ich dich aber ein!

Has vingut sol?
(du-)hast gekommen allein
Bist du alleine hier?

Zu Gast sein

Wie in allen Mittelmeerländern spielt sich der größte Teil des gesellschaftlichen Lebens in Bars und Cafés ab. Wenn man dennoch zu jemandem nach Hause eingeladen wird, will das schon etwas heißen. Aller Wahrscheinlichkeit nach wird der konkrete Anlass der Einladung ein gemeinsames Essen sein, was dann in viel stärkerem Maße als bei uns ein geselliges Ereignis ist.

Blumen sind ein äußerst unübliches Mitbringsel; für eine Flasche katalanischen Champagners (el xampany oder: el cava) dürfte sich dagegen im Verlauf Ihres Besuches sicher eine Verwendung finden.

Wenn Besuch eingeladen ist, besteht ein typisches Festmahl meistens aus mehreren Gängen. Daher ist es empfehlenswert, sich am Anfang etwas zurückzuhalten, um später nicht „abdanken“ zu müssen.

Bei einem Essen hat man genug Zeit, um sich mit dem Katalanischen zu versuchen.

Zuerst gibt es einen Aperitiv (l'aperitiu, m) und einige Appetithäppchen (les tapes) zur Einstimmung, darauf folgt der erste Gang (el primer plat), dann der zweite (el segon plat), meistens mit gebratenem Fleisch oder Fisch, wozu Wein gereicht wird und man sich aus der gemeinsamen Salat- bzw. Brotschüssel bedient; zum Nachtisch gibt es Pudding (el flam, la crema catalana) und Obst (la fruita).

Kein katalanisches Essen endet ohne Kaffee (el cafè) und ein Gläschen Kognak (el conyac). Und es kann Ihnen durchaus passieren, dass dazu auch noch Kuchen (el pastís) und Süßigkeiten (els dolços) auf den Tisch kommen – wer nach deutschem Brauch nur einen Gang erwartet und sich bereits beim primer plat leidlich satt isst, kann da schon in Bedrängnis geraten.

Das eigentlich Wichtige beim Essen ist jedoch nicht das Essen selbst, sondern die so genannte sobretaula, wörtlich: „über-(den)-Tisch“, das gesellige Zusammensitzen beim Kaffee, das sich oft Stunden hinzieht.

Què et semblen els musclos?
was dir (sie-)scheinen die Pfahlmuscheln
Wie schmecken dir die Pfahlmuscheln?

M'agraden molt!
mir (sie-)gefallen sehr
Sie schmecken mir hervorragend!

Què li sembla la paella?
was ihm (sie-)scheint die Pfanne
Wie schmeckt Ihnen die Paella?

És boníssima!
(sie-)ist extrem-gut
Sie ist ausgezeichnet!

Vols més vi?
(du-)willst mehr Wein
Willst du mehr Wein?

No, gràcies, no en vull més.
nein, danke, nicht davon (ich-)will mehr
Nein danke, ich möchte keinen mehr.

Vol més peix?
(er-)will mehr Fisch
Möchten Sie mehr Fisch?

Sí, gràcies, posi-me'n una mica més.
ja, danke, (er-)tue-auf mir davon ein Krümel mehr
Ja bitte, tun Sie mir noch ein wenig davon auf.

No puc més.
nicht (ich-)kann mehr
Ich kann nicht mehr.

Estic més que tip.
(ich-)bin mehr als satt
Ich bin mehr als satt.

Puc llevar els plats?
(ich-)kann entfernen die Teller
Darf ich abräumen?

Que prendrà cafè?
dass (er-)wird-nehmen Kaffee
Trinken Sie einen Kaffee mit?

Prendràs un conyac?
(du-)wirst-nehmen ein Kognak
Trinkst du einen Kognak mit?

Li agraden les sardanes?
ihm (sie-)gefallen die „sardanes"
Gefallen Ihnen die Sardanes?

I què són „sardanes"?
und was (sie-)sind „sardanes"
Was sind denn „Sardanes"?

És el ball nacional català i es balla així ...
(es-)ist der Tanz national katalanisch und sich (er-)tanzt so
Das ist der katalanische Nationaltanz, und den tanzt man so ...

Alter

Quants anys tens?	**En tinc vint-i-cinc.**
wie-viele Jahre (du-)hast	*davon habe 20-und-fünf*
Wie alt bist du?	Ich bin 25.

A veure si endevines la seva edat.
zu sehen ob (du-)errätst das sein Alter
Mal sehen, ob du sein Alter errätst.

Quants anys em fas?
wie-viele Jahre mir (du-)machst
Wie alt schätzt du mich?

Te'n faig uns trenta-dos.
dir-davon (ich-)mache einige dreißig-zwei
Ich schätze dich auf ungefähr zweiundreißig Jahre.

Gairebé. Mes o menys.
fast, mehr oder weniger.
Fast. Ungefähr.

Sembles més jove.
(du-)scheinst mehr jung
Du wirkst jünger.

Familie

Que té germans?
dass (er-)hat Brüder
Haben Sie Geschwister?

No, sóc fill únic.
nein, bin Sohn einzig
Nein, ich bin Einzelkind.

Sí que en tinc: un germà i una germana.
ja dass davon habe: ein Bruder und eine Schwester
Allerdings: einen Bruder und eine Schwester.

Ets casat?
bist verheiratet(m)
Bist du verheiratet?

No, sóc solter encara.
nein, bin ledig(m) noch
Nein, ich bin noch ledig.

No, no estic casada; i tu?
nein, nicht (ich-)bin verheiratet(w); und du
Nein, ich bin nicht verheiratet; und du?

Sí, però el meu marit s'ha quedat a Alemanya.
ja, doch der mein Mann sich (er-)hat geblieben in Deutschland
Ja, doch mein Mann ist in Deutschland geblieben.

Tenim un fill i dues filles.
(wir-)haben ein Sohn und zwei Töchter
Wir haben einen Sohn und zwei Töchter.

Ara et faig conèixer els meus pares.
jetzt dich (ich-)mache kennen die meine Eltern
Jetzt stelle ich dir meine Eltern vor.

pare	Vater
mare	Mutter
els pares	die Eltern
els parents	die Verwandten
avi/àvia	Opa/Oma
germà	Bruder
germana	Schwester
fill/filla	Sohn/Tochter
oncle/tia	Onkel/Tante
nét/néta	Enkel/Enkelin
cosí/cosina	Cousin/Cousine
nebot/neboda	Neffe/Nichte
marit	Ehemann
muller	Ehefrau

solter /soltera (m/w)	ledig
casat/casada (m/w)	verheiratet
divorciat/divorciada (m/w)	geschieden
vidu/vídua (m/w)	verwitwet

Beruf

De què fas?
von was (du-)tust
Was arbeitest du?

A què es dedica vostè?
auf was sich (er-)widmet Euer-Gnaden
Was tun Sie beruflich?

Faig de cuiner.
(ich-)mache von Koch
Ich bin Koch.

Encara sóc estudiant.
noch (ich-)bin Student
Ich bin noch Student.

Estic aturat.
(ich-)bin angehalten
Ich bin arbeitslos.

Sóc enginyera.
(ich-)bin Ingenieurin.
Ich bin Ingenieurin.

Sóc ...
Ich bin ...

aturat/aturada (m/w)	arbeitslos(e)
obrer/obrera (m/w)	Arbeiter(in)
empleat/empleada (m/w)	Angestellte(r)
jubilat/jubilada (m/w)	Rentner(in)
mestressa de casa (w)	Hausfrau
estudiant/estudianta (m/w)	Student(in)
enginyer/enginyera (m/w)	Ingenieur(in)
professor/professora (m/w)	Dozent(in)
mestre/mestra (m/w)	Lehrer(in)
secretària (w)	Sekretärin

metge/metgessa (m/w)	Arzt, Ärztin
infermera (w)	Kranken-schwester
mecànic/mecànica (m/w)	Mechaniker(in)
forner/fornera (m/w)	Bäcker(in)
fuster/fustera (m/w)	Tischler(in)
perruquer/perruquera (m/w)	Friseur(in)

Einkaufen

Auch beim Einkauf braucht man eine Reihe von typische Sätzen oder Floskeln.

Hola, bon dia!
hallo, guten Tag
Guten Tag!

Li puc ajudar amb alguna cosa?
ihm (ich-)kann helfen mit irgendeiner Sache
Kann ich Ihnen behilflich sein?

Sí, estic buscant un diccionari català-alemany.
ja, (ich-)bin suchend ein Wörterbuch Katalanisch-Deutsch
Ja, ich suche ein katalanisch-deutsches Wörterbuch.

Que tenen diccionaris?
dass (sie-)haben Wörterbücher
Haben Sie Wörterbücher?

Quin em podria recomanar?
welches mir (er-)könnte empfehlen
Welches könnten Sie mir empfehlen?

Em temo que ara per ara només tenim aquest.
mich (ich-)fürchte dass jetzt für jetzt nur (wir-)haben dieses
Ich befürchte, wir haben momentan nur dieses.

Necessito unes sabates lleugeres.
(ich-)benötige einige Schuhe leichte
Ich brauche ein Paar leichte Schuhe.

Li agraden aquestes?
ihm (sie-)gefallen diese
Gefallen Ihnen diese?

Quant valen?
wieviel (sie-)sind-wert
Was kosten die?

Ho trobo una mica car.
es (ich-)finde einen Krümel teuer
Das finde ich etwas teuer.

Em sembla un poc exagerat.
mir (es-)erscheint ein bisschen übertrieben
Das finde ich etwas überzogen.

No en té de més barates?
nicht davon (er-)hat von mehr billigen
Haben Sie keine preiswerteren?

Estan bé de preu.
(sie-)sind gut von Preis
Sie sind preiswert.

Crec que me les quedo.
(ich-)glaube dass mir sie (ich-)behalte
Ich glaube, die nehme ich.

Puc pagar amb targeta de crèdit?
kann(ich-) bezahlen mit Karte von Kredit
Kann ich mit Kreditkarte bezahlen?

piles (w Mz)	Batterien
... de recanvi	Ersatz...
disc (m)	Schallplatte
cinta	Musikkassette
plànol (de la ciutat) (m)	Stadtplan
detergent (en pols) (m)	Waschpulver
bolquers (m Mz)	Windeln
tiretes (w Mz)	Pflaster
pasta dentífrica	Zahnpasta
espelmes (w Mz)	Kerzen
llumins/mistos (m Mz)	Streichhölzer
preservatius (m Mz)	Präservative
compreses (w Mz)	Damenbinden
tampons (m Mz)	Tampons
paper de wàter (m)	Toilettenpapier
oli bronzejador (m)	Sonnenöl
pel.licula en color	Farbfilm
paquet de tabac (m)	Schachtel Zigaretten
postal (w)	Postkarte
segell (m)	Briefmarke
diari (m)	Zeitung
bombeta	Glühbirne
texans (m Mz)	Jeans
llibre (m)	Buch

in der Markthalle

Lebensmittel kauft man am besten in einer Markthalle (el mercat) ein, es sei denn, man hat Glück und findet einen Wochenmarkt. Die Umgangsformen haben dort ihren eigenen Reiz, und Sie sollten sich nicht wundern, wenn man Sie je nach Lust und Laune duzt oder siezt, Sie als rei/reina (König/Königin), noi/noia (Junge/Mädchen), maco/maca (Schöner/Schöne) oder ähnlich anredet. Hausfrauen und „Profis" können dort teilweise durch Handeln noch etwas auf den Preis drücken, unsereiner hat damit jedoch realistischerweise keine Chance.

Qui és l'últim?
wer ist der letzte
Wer ist der letzte (in der Schlange)?

Em sembla que ara em toca a mi.
mir (es-)scheint dass jetzt mich (es-)berührt an mich
Ich glaube, ich bin jetzt dran.

Què et poso, reina?
was dir (ich-)tue, Königin
Was darf's sein?

A quant pugen els pebrots?
auf wieviel (sie-)steigen die Paprikas
Wie viel kosten die Paprikas?

Què valen aquestes patates?
was (sie-)sind-wert diese Kartoffeln
Wie viel kosten diese Kartoffeln?

Pugen a un euro amb quinze cèntims el quilo.
(sie-)steigen auf einen Euro mit 15 Cent das Kilo
Sie kosten einen Euro fünfzehn das Kilo.

A quant estan les síndries?
Auf wieviel (sie-)sind die Wassermelonen
Was kosten die Wassermelonen?

Què més et poso, noi?
was mehr dir (ich-)tue, Junge
Was darf's sonst noch sein?

Posi me'n un quilo.
(er-)tue mir davon ein Kilo
Geben Sie mir davon ein Kilo.

Això fa tres euros amb vint-i-cinc tot plegat.
das macht drei Euros mit fünfundzwanzig alles zusammen
Das macht zusammen 3 Euro fünfundzwanzig.

Adéu, que vagi bé!
zu-Gott, dass (es-)gehe gut
Auf Wiedersehen!

Damit Sie beim Einkauf von frischem Obst und Gemüse nicht auf Gesten angewiesen sind, folgt hier eine Zusammenstellung der wichtigsten Sorten.

Lebensmittel

poma	Apfel
taronja	Apfelsine
pa (m)	Brot
mantega	Butter
ou (m)	Ei
gelat (m)	Eis
cogombre (m)	Gurke
pollastre	Hähnchen
cafè (m)	Kaffee
formatge (m)	Käse
galetes (w Mz)	Kekse
lletuga	Kopfsalat
tomàquets	Tomaten
carn (w)	Fleisch
... de bou	Rind...
... de porc	Schweine...
pastís (m)	Kuchen
pernil dolç (m)	Kochschinken
llet (w)	Milch
pebrot (m)	Paprika
xoriço (m)	Paprikawurst
suc de ... (m)	...saft
enciam (m)	Salat
botifarra	Bratwurst
xocolata	Schokolade
pernil (m)	Schinken
salsitxa	Würstchen
llimona	Zitrone
sucre	Zucker
patates (w Mz)	Kartoffeln
arròs (m)	Reis

Essen & Trinken

Essen und trinken in Katalonien – da können Sie sich mit wachsender Begeisterung einmal durch die ganze Speisekarte hindurchprobieren.

katalanische Spezialitäten

pa amb tomàquet (m) (Mallorca: **pa amb oli**)
Mit Olivenöl beträufeltes Brot, eingerieben mit Tomate und Salz; darauf isst man Schinken, Wurst oder Omelett.

truita; truita de patates
Omelett; Kartoffelomelett

truita francesa; truita d'espinacs
Kräuteromelett; Blattspinatomelett

sobrassada
Orangefarbene, mallorquinische Paprikastreichwurst aus Schweinefleisch.

paella
Ursprünglich valencianisches Safranreisgericht, das heute die gesamte Iberische Halbinsel in vielen Varianten erobert hat, z. B. als paella de marisc mit Meeresfrüchten oder als paella de conill i pollastre mit Hähnchen und Kaninchenfleisch.

Das Wort paella *entstammt dem valencianischen Dialekt und bedeutet „Pfanne".*

fideuada (fideuà)
Typisch valencianische Variante der paella, bei der statt Reis kleine Nudeln verwendet werden.

all-i-oli („Knoblauch und Öl")
Eine handgerührte Knoblauchmayonnaise, die nichts als Olivenöl, einige zerquetschte Knoblauchzehen und ein Eigelb enthält. Man isst sie zu Fleisch oder Meeresfrüchten.

mongetes seques amb botifarra
Mit Knoblauch und Petersilie gebratene weiße Bohnen mit botifarra, der katalanischen Bratwurst: ein typisches Gericht aus dem Principat de Catalunya.

arròs brut („schmutziger Reis")
Eine kräftige mallorquinische Reissuppe, zu der Radieschen gereicht werden.

arròs negre („schwarzer Reis")
Ein Tintenfischrisotto, das durch die Tintenfischtinte schwarz gefärbt ist.

escalivada
Über der Glut geröstete, abgezogene Paprika- und Auberginenstreifen in Öl mit Stockfisch.

allipebre („Knoblauch-und-Pfeffer")
Valencianisches Aalragout.

samfaina (oder **xamfaina)**
Katalanische Variante der okzitanischen „Ratatouille".

in der Bar

In den Bars kann man nicht nur trinken, es gibt auch eine ausgefeilte Kultur kleiner Leckereien, die man sich zum Getränk dazubestellt: die so genannten tapes.

una tapa de ... *eine Portion von*	eine Portion ...
... musclos	Pfahlmuscheln
... cargols	Schnecken
... truita de patates	Kartoffelomelett
... sèpia	Tintenfisch
... calamars	Tintenfischringe
... olives	Oliven
... xampinyons	gebratene Champignons

Tapes *werden auf einem kleinen Tellerchen serviert und mit einer Art Kuchengabel oder auch mit Zahnstochern gegessen.*

Am besten schauen Sie sich an der Theke (la barra) an, was es gibt, und fragen, wie es heißt, bzw. Sie zeigen mit dem Finger darauf und bestellen einfach:

Una tapa d'això.
eine Portion von das
Eine Portion davon.

im Restaurant

In Restaurants wird meistens ein Menü (el menú) angeboten, das stets aus mehreren Gängen besteht und im Vergleich zum Bestellen à la carte einen deutlichen Preisvorteil bringt. Normalerweise besteht innerhalb des Menüs bei jedem einzelnen Gang (primer plat, segon plat, postres) immer noch eine Wahlmöglichkeit zwischen alternativen Gerichten.

Necessitem una taula per a ... persones.
(wir-)benötigen ein Tisch für ... Personen
Wir brauchen einen Tisch für ... Personen.

Ja podem dinar/sopar?
schon (wir-)können Mittag-essen/Abend-essen
Können wir schon Mittagessen/Abendessen bekommen?

Podria veure el menú, si us plau?
(ich-)könnte sehen das Menü, falls Euch (es-)beliebt
Könnte ich bitte das Menü sehen?

In spanischen Restraurants und Bars gilt ein Rauchverbot, wenn es durch ein Schild angezeigt ist. Ist das Rauchen erlaubt, wird es ebenfalls angezeigt.

Què voldrien beure, vostès?
was (sie-)wollten trinken, Eure-Gnaden
Was möchten Sie trinken?

Què ens recomana?
was uns (er-)empfiehlt
Was empfehlen Sie uns?

Ens podria portar la carta, si us plau?
uns (er-)könnte bringen die Karte, falls Euch (es-)beliebt
Könnten Sie uns bitte die Karte bringen?

De primer agafem ...
von ersten (wir-)nehmen
Als ersten Gang nehmen wir ...

De segon voldria ...
von zweiten (ich-)möchte
Als zweiten Gang möchte ich ...

Porti'ns / Porti'm ...
(er-)bringe uns / (er-)bringe mir
Bringen Sie uns / mir ...

Em falta ...
mir (es-)fehlt
Mir fehlt ...

forquilla	Gabel	**got** (m)	Glas
ganivet (m)	Messer	**sal** (w)	Salz
cullera	Löffel	**pebre** (m)	Pfeffer
plat (m)	Teller	**tovalló** (m)	Serviette
oli (m)	Öl	**pa** (m)	Brot

Em pots passar la sal, sisplau?
mir (du-)kannst reichen das Salz, bitte
Kannst du mir bitte mal das Salz reichen?

Em podria passar l'amanida, si us plau?
mir (er-)könnte reichen der Salat, falls Euch (es-)beliebt
Könnten Sie mir bitte den Salat reichen?

bezahlen

Voldríem pagar.
(wir-)möchten zahlen
Wir möchten zahlen.

El compte, sisplau.
die Rechnung, bitte
Die Rechnung, bitte.

Das Trinkgeld (la propina) *lässt man üblicherweise auf dem Tellerchen zurück, auf dem einem die Rechnung präsentiert wird.*

Quant fa?
wieviel (es-)macht
Wie viel macht das?

reklamieren

Això no és el que havia demanat.
das nicht (es-)ist das was (ich-)hatte bestellt
Das habe ich nicht bestellt.

Em pot canviar això?
mir (er-)kann tauschen das
Können Sie mir das wohl umtauschen?

Està massa salat/agre/dolç.
(es-)ist zu salzig/sauer/süß
Es ist zu salzig/sauer/süß.

im Café

una tassa de
eine Tasse ...

un got de
ein Glas ...

una ampolla de
eine Flasche ...

una ració de
eine Portion ...

aigua	Wasser
orxata	Erdmandelmilch
cafè (m)	Espresso
tallat (m)	Espresso mit einem Schuss Milch
cafè amb llet (m)	französischer Milchkaffee
cafè amb gel (m)	Espresso mit Eiswürfeln
granissat (m)	Wassereisgetränk
gelat (m)	Milchspeiseeis
te (m)	schwarzer Tee
infusió (w)	Kräuter- od. Früchtetee
colacao (m)	Kakao
cigaló (m)	Espresso mit einem Schuss Cognac

Unterwegs

In einer unbekannten Stadt angekommen, wollen Sie sich zunächst orientieren.

... in der Stadt

Com s'hi va a ...?
wie sich dahin (es-)geht nach
Wie komme ich zu ...?

In diesen Satz kann man die Wörter aus der folgenden Liste einsetzen. Allerdings muss man den bestimmten Artikel immer mitnennen.

l'ajuntament (m)	Rathaus
el barri	Viertel
el casc antic	Altstadt
el centre	Zentrum
el cine	Kino
l'estació central (w)	Hauptbahnhof
l'estació de metro (w)	U-Bahn-Station
la parada d'autobús	Bushaltestelle
l'ambaixada	Botschaft
el consulat	Konsulat
el mercat	Markthalle
el supermercat	Supermarkt
l'oficina de turisme	Fremdenverkehrsamt
la universitat	Universität
el port	Hafen
la platja	Strand

Perdoni, que hi ha un caixer automàtic per aquí?
(er-)entschuldige, dass hier (es-)hat ein Kassierer automatischen um hier
Entschuldigen Sie, gibt es hier in der Nähe einen Geldautomaten?

Disculpi, per anar a l'estació?
(er-)entschuldige, zu gehen zu der Station
Entschuldigung, wie komme ich von hier zum Bahnhof?

On és la pròxima oficina de correus?
wo (es-)ist das nächste Büro von Post
Wo ist das nächste Postamt?

primer ...	zuerst ...
llavors ...	dann ...
després ...	danach ...
finalment ...	schließlich ...
Vagi! – Ves!	Gehen Sie! – Geh!
Agafi! – Agafa!	Nehmen Sie! – Nimm!
Segueixi! – Segueix!	Folgen Sie! – Folge!
Giri! – Gira!	Biegen Sie ab! – Bieg ab!
Travessi! – Travessa!	Überqueren Sie! – Überquere!

recte	geradeaus
cap a ...	nach ...
... la dreta	... rechts
... l'esquerra	... links

al final, al fons	am Ende
enfront de	vor
cruïlla	Kreuzung
cantonada	Ecke
plaça	Platz
avinguda	große Straße
carrer	Straße
lluny – a prop	weit – nah
al costat de	neben

... mit öffentlichen Verkehrsmitteln

On s'agafa l'autobús cap a ...?
wo sich (er-)nimmt der Bus Richtung nach
Wo hält der Bus nach ...?

Quan surt el pròxim tren cap a ...?
wann geht-raus der nächste Zug Richtung nach
Wann fährt der nächste Zug nach ...?

On es compren els bitllets?
wo sich (sie-)kaufen die Billets
Wo werden die Fahrkarten verkauft?

Voldria anar a Sitges demà al matí.
(ich-)möchte gehen nach Sitges morgen am Morgen
Ich möchte morgen früh nach Sitges fahren.

Quins trens puc agafar?
welche Züge (ich-)kann nehmen
Welche Züge kann ich nehmen?

Que s'atura a Sitges, el tren?
dass sich (er-)anhält in Sitges, der Zug
Hält der Zug in Sitges?

Dos bitllets a Tarragona segona classe, anar i tornar.
zwei Billets nach Tarragona zweite Klasse, gehen und zurückkehren
Zweimal nach Tarragona, 2. Klasse, hin und zurück.

S'ha de pagar un suplement?
sich (es-)hat zu bezahlen einen Zuschlag
Kostet das Zuschlag?

On hauré de fer transbord?
wo (ich-)werde-haben zu machen umsteigen
Wo muss ich umsteigen?

aeroport (m)	Flughafen
estació d'autocars (w)	Busbahnhof
autocar (m)	Überlandbus
vaixell (m)	Schiff
port (m)	Hafen
arribada	Ankunft
sortida	Abfahrt
vagó llit (m)	Schlafwagen
vagó llitera (m)	Liegewagen
complet	voll, ausverkauft
seient (m)	Sitzplatz
parada	Haltestelle
equipatge (m)	Gepäck

consigna	Gepäck-aufbewahrung
només anar	nur Hinfahrt
maleta	Koffer
motxilla	Rucksack
sala d'espera	Wartesaal
avió (m)	Flugzeug
suplement (m)	Zuschlag
Talgo	IC
semidirecte (m)	zuschlagsfreier Zug *(langsam)*
electrotrén (m)	Zug *(schneller als* semidirecte*)*

... mit dem Taxi

Freie Taxis erkennt man am grünen Lämpchen auf dem Dach und am Schild LLIURE (frei). Meist wartet man einfach am Straßenrand und winkt das nächste freie Taxi heran.

Taxis sind in Spanien immer noch deutlich billiger als bei uns. Angesichts des schlecht organisierten öffentlichen Nahverkehrs werden Sie besonders nachts öfter darauf zurückgreifen müssen.

On anem?
wo (wir-)gehen
Wohin soll es gehen?

A l'aeroport.
zu der Flughafen
Zum Flughafen.

Al centre.
zu-der Zentrum
Ins Zentrum.

Quant em va a costar?
wieviel mich (es-)geht zu kosten
Wie viel wird das kosten?

Pot deixar-me aquí.
(er-)kann lassen-mich hier
Hier können Sie mich rauslassen.

Es ist üblich, dass Taxis an Flughäfen und anderen weit außerhalb liegenden Einrichtungen zusätzlich zum Taxameterbetrag eine Pauschale erheben.

Esperi'm aquí.
(er-)erwarte mich hier.
Warten Sie hier auf mich.

Wenn Sie das Gefühl haben, dass man Sie betrügen will, verlangen Sie einfach eine spezifizierte Quittung (Taxinummer, von/nach, Preis). Wenn der Preis nicht korrekt war, wird er dadurch oft niedriger.

Doni'm un rebut, sisplau.
(er-)gebe mir ein Quittung, bitte
Geben Sie mir bitte eine Quittung.

... im eigenen Wagen

frontera	Grenze
entrada	Einfahrt
sortida	Ausfahrt (in València: eixida)
duana	Zoll
autopista	Autobahn
peatge	Autobahngebühr
obres	Baustelle
perill de relliscada	Schleudergefahr
perill de mort	Lebensgefahr
cediu el pas	Vorfahrt gewähren
direcció única	Einbahnstraße
desviació (w)	Umleitung
prohibició d'aparcar	Parkverbot
gual permanent	Einfahrt Tag und Nacht freihalten
prohibida l'entrada	Einfahrt verboten
camí privat	Privatweg

On és la pròxima gasolinera?
Wo (es-)ist die nächste Tankstelle
Wo ist die nächste Tankstelle?

Vint litres de gasolina normal, sisplau.
zwanzig Liter von Benzin normal, bitte
Zwanzig Liter Normalbenzin, bitte.

Ple, si us plau!
voll, wenn Euch (es-)beliebt
Voll, bitte!

gasolina normal	Normalbenzin
súper (m)	Super
gas-oil (m)	Diesel
bidó de reserva (m)	Ersatzkanister

Si us plau, cridi la policia!
falls Euch (es-)beliebt, (er-)rufe die Polizei
Rufen Sie bitte die Polizei!

He tingut un accident.
(ich-)habe gehabt ein Unfall
Ich habe einen Unfall gehabt.

Avisi una ambulància/un metge!
(er-)benachrichtige ein Krankenwagen/ein Arzt
Rufen Sie einen Krankenwagen/einen Arzt!

Unfall

Em podria ajudar?
mir (er-)könnte helfen
Könnten Sie mir wohl helfen?

Hem tingut una pana.
(wir-)haben gehabt eine Panne
Wir haben eine Panne.

Em sembla que ... no funciona bé.
mir (es-)scheint dass ... nicht funktioniert gut
Ich glaube, ... funktioniert nicht.

bateria	Batterie
pneumàtic (m)	Reifen
frens (m Mz)	Bremsen
carburador (m)	Vergaser
arrencador (m)	Anlasser
canvi (de marxes) (m)	Getriebe
embragatge (m)	Kupplung
corretja del ventilador	Keilriemen
direcció (w)	Lenkung
amortidor (m)	Stoßdämpfer
bugia	Zündkerze
tub d'escapament (m)	Auspuff
encesa	Zündung
vàlvula	Ventil

Que hi ha un taller d'automòbils, aquí?
dass da (es-)gibt eine Werkstatt von Autos, hier
Gibt es hier eine Autowerkstatt?

Quant em va a costar?
wieviel mir (es-)geht zu kosten
Wie viel wird es mich kosten?

Podria remolcar-me?
(er-)könnte abschleppen-mich
Können Sie mich abschleppen?

Unterkunft

Die folgenden Ausdrücke und Sätze werden Ihnen bei der Zimmersuche behilflich sein.

Té ...?	Haben Sie ...?
Necessito ...	Ich brauche ...
Necessitem ...	Wir brauchen ...
una habitació	ein Zimmer
una habitació doble	ein Doppelzimmer
dues habitacions	zwei Zimmer
amb bany	mit Badezimmer
amb dutxa	mit Dusche
amb dos llits	mit zwei Betten
per una nit només	nur für eine Nacht
per uns dies	für ein paar Tage
per una setmana	für eine Woche

Em quedaré tres dies.
mich (ich-)werde-bleiben drei Tage
Ich werde drei Tage bleiben.

No sé encara fins quan em quedaré.
nicht (ich-)weiß noch bis wann mich (ich-werde-)bleiben
Ich weiß noch nicht, bis wann ich bleibe.

Podria veure l'habitació?
(ich-)könnte sehen das Zimmer
Könnte ich das Zimmer mal sehen?

Molt bé, me la quedo.
sehr gut, mir sie behalte
Prima, das nehme ich.

Aquesta no m'agrada.
diese nicht mir gefällt
Das gefällt mir nicht.

Fotografieren

Bevor Sie mit Ihrer Kamera auf alles zielen, was sich bewegt, fragen Sie besser vorher. Das Fotografieren von Polizei, miltärischen Einrichtungen ist wie überall verboten.

Li fa res si li faig una foto?
ihm macht nichts wenn ihm (ich-)mache ein Foto
Macht es Ihnen etwas aus, wenn ich Sie fotografiere?

Ens podria fer una foto?
uns (er-)könnte machen ein Foto
Könnten Sie wohl ein Foto von uns machen?

un rodet (de pel.lícula)	ein Film
... en color	ein Farbfilm
... en blanc i negre	ein Schwarzweißfilm
... per a diapositives	ein Diafilm
revelar	entwickeln

una còpia de cada negatiu
eine Kopie von jedes Negativ
ein Abzug von jedem Negativ

Internet

Die Möglichkeit, sich im Internetcafe Informationen zu besorgen, Emails abzurufen oder auch zu verschicken, findet man am ehesten noch in den größeren Städten.

On puc trobar un cibercafè?
wo kann(-ich)finden ein cyber-cafe
Wo finde ich hier ein Internetcafe?

das Internet = Internet (m) (*immer ohne Artikel)*

Voldria llegir el meu correu electrònic!
(ich-)möchte lesen den meinen Post elektronisch!
Ich möchte meine Emails abrufen!

im Internet = a Internet

Toilette

Und damit Sie sich auch in ganz besonders „menschlichen" Situationen zu helfen wissen, sollten Sie sich die folgenden Sätze einprägen:

On són els lavabos/serveis, sisplau?
Wo sind die Toiletten, bitte?

Em podria donar paper de wàter, sisplau?
mir (er-)könnte geben Papier von Klo, bitte
Könnten Sie mir bitte Toilettenpapier geben?

Falta sabó i una tovallola.
(es-)fehlt Seife und ein Handtuch
Es fehlt Seife und ein Handtuch.

Homes	Herren	**ocupat**	besetzt
Dones	Damen	**lliure**	frei

Krank sein

Im Falle eines Falles lassen Sie sich für die Behandlung eine Quittung mit Diagnose ausstellen, um die Kosten von Ihrer Krankenkasse erstattet zu bekommen!

On hi ha una farmàcia/un metge/un hospital?
wo da (es-)hat eine Apotheke/ein Arzt/ein Hospital
Wo gibt es eine Apotheke/einen Arzt/
ein Krankenhaus?

Que parla alemany/anglès/francès, vostè?
dass (er-)spricht Deutsch/Englisch/Französisch, Euer-Gnaden
Sprechen Sie Deutsch/Englisch/Französisch?

Em fa mal ...
Mir tut ... weh.

Em fan mal ...
Mir tun ... weh.

el cap	Kopf	**el nas**	Nase
l'estómac (m)	Magen	**l'orella**	Ohr
l'abdomen (m)	Unterleib	**la cama**	Bein
l'esquena	Rücken	**el peu**	Fuß
l'ull (m)	Auge	**la mà**	Hand
la dent	Zahn	**el cor**	Herz

M'ha picat ...	Mich hat ... gestochen.
una vespa	eine Wespe
un mosquit	eine Mücke
una abella	ein Biene

M'ha mossegat ...	Mich hat ... gebissen.
una medusa	eine Qualle
una serp	eine Schlange
un gos	ein Hund

Tinc nàusees.	Mir ist übel.
Tinc vòmits.	Ich muss mich übergeben.
Tinc diarrea.	Ich habe Durchfall.
M'he tallat.	Ich habe mich geschnitten.
He trepitjat un eriçó. *habe betreten ein Seeigel*	Ich bin in einen Seeigel getreten.
He caigut.	Ich bin gefallen.
He relliscat.	Ich bin ausgerutscht.
M'he pegat un cop.	Ich habe mich gestoßen.
M'han atracat.	Man hat mich überfallen.
M'han violat.	Man hat mich vergewaltigt.
He tingut un accident.	Ich habe einen Unfall gehabt.

Necessito un rebut/diagnòstic detallat per a l'assegurança.
(ich-)brauche eine Quittung/Diagnose detaillierte für zu die Versicherung
Ich brauche eine Quittung/detaillierte Diagnose für die Versicherung.

Nichts verstanden? – Weiterlernen!

Wenn alles nichts mehr nützt und Sie gar nichts mehr verstehen, helfen Ihnen folgenden Sätze weiter. Ich wünsche Ihnen weiterhin noch viel Erfolg, bei Ihren Bemühungen, Katalanisch zu sprechen!

Hi ha algú que parli alemany?
da (es-)hat jemand der spräche Deutsch
Spricht hier jemand Deutsch?

Parla alemany, vostè?
spricht Deutsch, Euer-Gnaden
Sprechen Sie Deutsch?

No, ho sento.
nein, es (ich-)fühle
Nein, tut mir Leid.

Només una mica de francès.
nur ein bisschen von Französisch
Nur ein wenig Französisch.

Com diu?
wie (er-)sagt
Wie bitte?

Entenc.
(ich-)verstehe
Ich verstehe.

M'entén?
mich (er-)versteht
Verstehen Sie mich?

No ho he entès.
nicht es (ich-)habe verstanden
Ich habe nicht verstanden.

Més a poc a poc, si us plau!
mehr auf wenig auf wenig, wenn Euch (es-)beliebt
Bitte etwas langsamer!

Ho pot repetir, si us plau?
es (er-)kann wiederholen, wenn Euch (es-)beliebt
Könnten Sie das bitte wiederholen?

No sé castellà.
nicht (ich-)weiß Kastilisch
Ich kann kein Spanisch.

Què vol dir „ajuntament"?
was (es-)will sagen „Rathaus"
Was bedeutet „ajuntament"?

Com es diu això en català?
wie sich sagt das in katalanisch
Wie heißt das auf Katalanisch?

Em pot parlar en català, si us plau?
mir (er-)kann sprechen in katalanisch, wenn Euch (es-)beliebt
Könnten Sie bitte Katalanisch mit mir sprechen?

In València und auf den Balearen

Wundern Sie sich nicht, wenn Sie jemanden auf Katalanisch ansprechen und Ihnen auf Spanisch geantwortet wird. Das liegt einfach daran, dass die Einheimischen nicht davon ausgehen, dass Touristen Katalanisch sprechen.

Die einzelnen katalanischen Sprachgebiete haben jahrhundertelang nur geringen Kontakt untereinander gehabt. Dadurch lässt sich die unterschiedliche Einstellung zur eigenen Sprache in den verschiedenen Regionen erklären. Während die Katalanen das Katalanische mit Selbstverständlichkeit als eine vollwertige Umgangs- und Schriftsprache ansehen, betrachten viele Valencianer ihre Sprache noch mit gemischten Gefühlen. Briefe an Behörden würden sie wahrscheinlich immer noch auf Spanisch und nicht auf Katalanisch verfassen.

Früher hielten viele Valencianer, Mallorquiner und Menorquiner ihre Sprache für einen unbedeutenden Regionaldialekt (**valencià, mallorquí, menorquí ...**), der auch mit dem Katalanischen nicht viel zu tun habe. Diese Einstellung hat sich jedoch grundlegend geändert. Auf Mallorca z. B. wurde **català** bzw. **mallorquí** zur ersten Amtssprache erhoben und ist hier wie auch in València ein Unterrichtsfach in der Schule. In allen Buchhandlungen gibt es Bücher in katalanischer Sprache zu kaufen.

Vielleicht kann es einem auch passieren, dass ein Valencianer von sich behauptet, er spreche kein Katalanisch, sondern **Valenciano**; Katalanisch sei eine Fremdsprache, die in Barcelona gesprochen werde. Geben Sie ihm Recht, und sagen Sie, Sie sprächen auch „**Va-**

lenciano", und schon kann das Gespräch weitergehen.

Wenn Sie Katalanisch vor allem außerhalb Kataloniens sprechen wollen, sollten Sie sich mit den folgenden Besonderheiten vertraut machen:

Katalonien	València	Balearen	
si us plau	**per favor**	**per favor**	*bitte*
perdoni	**perdone**	**perdoni**	*Entschuldigen Sie*
català	**valencià**	**mallorquí**	*Katalanisch*
jo canto	**jo cante**	**jo cant**	*ich singe*
jo parlo	**jo parle**	**jo xerr**	*ich spreche*
noi, noia	**xic, xica**	**al.lot, al.lota**	*Junge, Mädchen*
el got	**el vas**	**es tassó**	*das Glas*
la llet	**la llet**	**sa llet**	*die Milch*

Die Unterschiede werden Sie bei Ihrem Aufenthalt bald bemerken und sich automatisch darauf einstellen. Das einzige Dialektmerkmal, das anfänglich manchmal wirklich die Verständigung erschweren kann, ist der sogenannte „balearische Artikel", der nur in der gesprochenen Sprache verwendet wird und vom katalanischen Artikel (el, els, la, les) abweicht.

Katalonien	Balearen	
el camí	**es camí**	*der Weg*
els amics	**ets amics**	*die Freunde*
la platja	**sa platja**	*der Strand*
les dones	**ses dones**	*die Frauen*

Ortsnamen

In den Katalanisch sprechenden Gebieten sind heute allgemein nur noch die katalanischen Formen der Ortsnamen amtlich (nur in València sind teilweise auch die spanischen Formen noch offiziell). Trotzdem findet man, besonders im Ausland, immer noch häufig die alten kastilisierten Formen. Zur Orientierung folgt hier eine Liste wichtiger Orte:

Katalanisch	Spanisch
Alacant	Alicante
València	Valencia
Castelló	Castellón
Eivissa	Ibiza
Girona	Gerona
Lleida	Lérida
Roses	Rosas
Figueres	Figueras
Xàtiva	Játiva
Xixona	Jijona
Pollença	Pollensa
la Seu d'Urgell	Seo de Urgel

Vorbildlich sind in dieser Hinsicht die Land- und Straßenkarten des RV Reise- und Verkehrsverlags, die – zumindest was Katalonien und die Inseln angeht – ausschließlich die amtlichen katalanischen Ortsnamen verwenden.

Weiterführende Literatur

Artur Quintana: „Handbuch des Katalanischen". Barcelona: Barcino 1981. *Übungstexte, Übungen, praxisorientiert beschriebene Grammatik (grammatische Grundbegriffe werden vorausgesetzt), hervorragend zum Selbststudium geeignet.*

Folgende Bücher sind mit Ausnahme des Mallorquinisch-Bandes nicht über den Reise Know How Verlag erhältlich!

Vor allem für philologisch Interessierte empfiehlt sich das Lehrbuch von **Karl-Heinz Röntgen: „Einführung in die katalanische Sprache".** Bonn: Romanistischer Verlag 1988. *Stärke dieses Buches ist seine präzise Kürze, die nicht auf Kosten der Vollständigkeit geht.*

Die einzige Nachschlagegrammatik in deutscher Sprache ist **Jenny Brummes Praktische Grammatik der katalanischen Sprache,** Wilhelmsfeld: Gottfried Egert Verlag, 1997 (ISBN 3-926972-53-X). *Wegen knapper Erklärungen und zahlreicher Beispiele auch für Anfänger sehr gut geeignet.*

„Langenscheidts Universal-Wörterbuch Katalanisch-Deutsch / Deutsch-Katalanisch" (ISBN 3-468-18394-1)." Langenscheidt-Verlag. *Handlich, preiswert.*

Sehr nützlich: **„Els verbs catalans conjugats" von Joan Baptista Xuriguera,** Barcelona: Claret 1987. *Listen, mit deren Hilfe man sämtliche Formen aller katalanischen Verben ermitteln kann.*

Für die Balearen empfiehlt sich besonders der **Kauderwelsch-Band „Mallorquinisch Wort für Wort",** Rump Verlag (ISBN 3-89416-324-0). *Die Tonaufnahme vermittelt einen besonders guten Eindruck von den Ausspracheunterschieden.*

Tipp: Kaufen Sie Comics – die Bilder helfen sehr beim Verständnis! Warum also nicht ein katalanisches Asterix- oder Lucky-Luke-Heft, das Sie auf deutsch schon kennen?

Die Wörterlisten enthalten einen Grundwortschatz von ca. 1000 Wörtern. Vokabular, das man in den einzelnen Kapiteln nachschlagen kann, ist hier nicht immer aufgeführt. Bei Hauptwörtern, deren **grammatisches Geschlecht** *nicht zu erkennen ist, sind mit „m" oder ein „w" gekennzeichnet. Gibt es ein Wort im Katalanischen nur in der Mehrzahl, so findet sich hinter dem Wort der Hinweis „Mz". Wörter, die männlich oder weiblich sein können, sind nur in ihrer Grundform aufgeführt. Für gewöhnlich wird die weibliche Form einfach durch Anhängen von* -a *bzw. durch Umwandlung des Endvokals in* -a *gebildet. Oft verändert sich dabei auch der Mitlaut am Ende des Wortes:* -t *am Wortende wird oft zu* -da, -c *zu* -ga, -eu *zu* -eva *und schließlich* -au *zu* -ava. *Bei Eigenschaftswörtern, deren weibliche Form unregelmäßig ist, wird diese jedoch immer in Klammern angegeben.*

Zur **Betonung:** *Katalanische Wörter werden grundsätzlich auf der vorletzten Silbe betont, es sei denn, das Wort trägt einen Akzent (akzentuierte Silbe wird betont), oder es endet auf* -r *(dann letzte Silbe betonen). Bei allen Wörtern, die von diesen Regeln abweichen, ist der betonte Vokal durch Unterstreichung kenntlich gemacht.*

A

ab a partir de
Abend vespre (m)
Abendbrot sopar (m)
aber però
Abhilfe remei (m)
abreisen partir
acht vuit
achtzehn divuit
achtzig vuitanta
addieren sumar
akzeptieren acceptar
allein sol
alles tot
also doncs
alt vell
anbändeln lligar
anders herum al revés
Angestellter empleat (m)
Angst por (w)
anheben aixecar
ankommen arribar
ankündigen anunciar
anrufen trucar
anschalten encendre
antworten contestar
anzeigen denunciar
Apotheke farmàcia
April abril (m)
Arbeit feina
arbeiten treballar
arm pobre
Arm braç (m)
Arschloch! cabró! (m)
Art und Weise manera

A-Z Wörterliste Deutsch – Katalanisch

Arzt metge (m)
atmen respirar
au! ai!
auch també
auch nicht tampoc
auf a
auf dem Land al camp
aufbrechen plegar
aufhören mit deixar de
auflösen desfer
aufrecht recte, dret
aufwachen despertar-se
aufwärts amunt
auf Wiedersehen adéu
Auge ull (m)
August agost (m)
Ausgang sortida
ausleihen deixar
ausschalten apagar
ausschimpfen renyar
außerdem a més a més
Auto cotxe (m)

B

Bad bany (m)
Baguette (belegt) entrepà (m)
Bahnhof estació
bald aviat
Ball pilota (w)
Bank banc (m)
Bauch panxa
Bauer pagès (m)
Baum arbre (m)
bedecken tapar
beenden acabar
befehlen manar
beginnen començar
beglückwünschen felicitar
bei vora
Bein cama
beißen mossegar
bekleiden vestir
bekommen rebre
bemerken adonar-se
benötigen necessitar
Benzin gasolina
berühren tocar
beschissen fotut (-da)
Besitzer amo (m)
beten resar
Bett llit (m)
Bettwäsche llençols (m Mz)
bewachen guardar
bewässern regar
bewegen moure
bezahlen pagar
Beziehung relació
Bier cervesa
billig barat
bis fins
bisschen (ein) mica, una
bitte sisplau, si us plau
Blatt (vom Baum) fulla
Blatt (Papier) full
blau blau (blava)
bleiben quedar-se
Bleistift llàpis
blicken mirar, guaitar
blond ros/rossa
Blume flor (w)
Bluse brusa
Blut sang (w)
Bohnen mongetes (w Mz)
böse werden enfadar-se
Botschaft ambaixada
breit ample
brennen cremar
Brief carta
Briefmarke segell (m)
Brieftasche cartera
Brille ulleres (w Mz)
bringen portar
Brot pa (m)
Brücke pont (m)
Bruder germà (m)
Brunnen pou (m)
Buch llibre (m)
Buchstabe lletra
bügeln planxar
Bürste raspall (m)
Bus (Stadt-) autobús (m)
Bus (Überland-) autocar (m)
Butter mantega

C

Campingplatz camping (m)
„Chauvi" masclista (m)
Chef amo, cap (m)
Cousin cosí (m)

D

dämlich imbècil (m/w)
Danke gràcies
dann aleshores, llavors
das (da) això
das (dort) allò
dass que
davon en, n', ne, 'n
dein teu
denken pensar
der-/dasselbe el mateix
deutsch alemany
Deutschland Alemanya
Dezember desembre (m)
dich et, t', te, 't
dick gras
dick (Dinge) gruixut (-da)
Diebstahl robatori (m)
Dienstag dimarts (m)
dieselbe la mateixa
dieser aquest
dir et, t', te, 't
Donnerstag dijous (m)
Dorf poble (m)
dort allà
dort(hin) hi
draußen fora
drei tres
dreißig trenta
dreizehn tretze
drinnen dins, dintre
dritter tercer
drücken estrènyer
du tu
dunkel fosc
dünn prim

E

egal igual
Ehefrau muller (m)
Ehemann marit (m)
Ei ou (m)
Eile pressa
Eimer galleda
ein un
einfach fàcil, simple, senzill
Eingang entrada
einschalten engegar
Eintrittskarte entrada
einverstanden d'acord
Eis gel (m)
Eisen ferro (m)
Elektrizität electricitat (w)
elf onze
Email abrufen illegir el correu electrònic
empfehlen recomanar
Ende fi (w)
endlich a la fi
Enkel nét (m)
entzückt encantat (-da)
er ell
erbitten demanar
Erde terra (w)
Erdmandelmilch orxata
Erdöl petroli (m)
Erfolg èxit
erheben, sich aixecar-se
erinnern recordar
Erinnerung record (m)
ernten collir
erster primer
erzählen explicar, contar
Erzählung conte (m)
es ho
essen menjar
euch us, -vos
euer vostre

F

Fabrik fàbrica
Faden fil (m)
Fahne bandera
fahren anar
Fahrkarte bitllet (m)
Fahrrad bici(cleta) (w)
Fall cas (m)
fallen caure

falls si
falsch equivocat (-da)
Familie família
Farbe color (m)
fast gairebé
faul gandul (m/w)
Faust puny (m)
Februar febrer (m)
Feder ploma
fehlen faltar
Fehler falta
Feld camp (m)
Fenster finestra
Fernsehen tele (w)
Fest festa
fett gras/grassa
Feuer foc (m)
Film pel.lícula
finden trobar
Fisch peix (m)
fischen pescar
flach pla/plana
Flasche ampolla
Fleisch carn (w)
fleißig diligent (m/w)
fliegen volar
Flügel ala
Flughafen aeroport (m)
Flugzeug avió (m)
Fluss riu (m)
flüssig líquid
folgen seguir
Form forma
Foto foto (w)
Frage pregunta
fragen preguntar
Frau dona
Freiheit llibertat (w)
Freitag divendres (m)
Fremder estranger
Freund(in) amic (amiga)
Frieden pau (w)
frisch fresc
Friseursalon perruqueria
fröhlich alegre
Frucht fruita
Frühling primavera
Frühstück esmorzar (m)
fühlen sentir
fünf cinc
fünfzehn quinze
fünfzig cinquanta
Funktion funció
Fuß peu (m)
Fußboden terra (m)

G

Gabel forquilla
ganz totalment
Garage garatge (m)
gar nicht gens
Garten jardí (m)
Gas gas (m)
geben donar
Gebirge muntanya
Gebirgspass coll (m)
gebraten fregit (-da)
Geburtstag aniversari (m)
gefallen agradar
Gefallen favor (m)
gegen contra
gehen anar, caminar
gekocht bullit (-da)
gelb groc (groga)
Geld diners (m Mz)
Gemüse verdura
genug prou
Genuss gust (m)
Gepäckaufbewahrung consigna
geradeaus recte
Geruch olor (w)
Geschäft tenda
Geschmack gust (m)
Gesellschaft societat (w)
Gesicht cara
gestern ahir
Getränk beguda
gewinnen guanyar
Glas (Material) vidre (m)
Glas (mit Stiel) copa
Glas Fassbier canya
glauben creure
gleich ara mateix
Glück sort (w)
glücklich feliç (m/w)
Gott Déu
Gottesdienst missa
Grad grau (m)
Gramm gram (m)

grau gris
Grillfleisch bistec (m)
groß gran (m/w)
Großvater avi (m)
grün verd
grüßen saludar
Gummi goma
gut (adv.) bé, ben
gut bo, bon

H

Haar cabell (m)
haben tenir
haben (Hilfsverb) haver
Hähnchen pollastre (m)
halb mig
Hallo! hola!
Hals coll (m)
Haltestelle parada
Hand mà (w)
Handtuch tovallola
Handwerker paleta (m)
hart dur
hässlich lleig/lletja
Haus casa
„Haus von …" ca, cal, can
Haut pell (w)
he! ep!
heilen curar
heilig sant
Heizung calefacció
helfen ajudar
hell clar
Hemd camisa
Henne gallina
herausholen treure
Herbst tardor (w)
Herr senyor
Herz cor (m)
heute avui
hier aquí
Himmel cel (m)
hinaufsteigen pujar
hinausgehen sortir
hineingehen entrar
Hinfahrt anada
hinlegen posar
hinstellen posar
hinter darrera
hinterher després
hinzufügen afegir
Hitze calor (w)
hoch alt
Holz fusta
hören sentir
Hose pantalons (m Mz)
Hosentasche butxaca
Hotel hotel (m)
Hund gos (m)
Hunger gana
Husten tos (w)

I

ich jo
ihm, ihr li
ihn el, l', lo, 'l
ihr vosaltres
immer sempre
in a
in der Nähe a prop
inbegriffen inclòs
in Ordnung bringen arreglar
Innenhof pati (m)
interessant interessant (m/w)
Internetcafè cibercafè (m)
irgendein algún
irren, sich equivocar-se

J

ja sí
Jacke jaqueta
jagen caçar
Jahr any (m)
Januar gener (m)
je nach segons
jeder cada
jemand algú
jener aquell
jenseits enllà
jetzt ara
Juli juliol (m)
jung jove (m/w)
Junge noi (m)
Junggeselle fadrí
Juni juny (m)

K

Kaffee cafè
kalt fred

kämmen pentinar
kaputt machen fer malbé
Karte targeta
Kartoffel patata
Kasse caixa
kassieren cobrar
Kastell castell (m)
katalanisch català (-ana)
Kathedrale seu (w)
Katze gat (m)
kaufen comprar
Kaufhaus magatzem (m)
kaum a penes
kein cap
keine Ursache! de res!
Kellner cambrer (m)
kennen conèixer
Kilo quilo (m)
Kilometer quilòmetre (m)
Kind nen (m)
Kino cine (m)
Kirche església
Kleidung roba
klein petit
klingeln trucar
klopfen trucar
Kneipe bar (m)
Knochen os (m)
Koffer maleta
Kohle carbó
kommen venir
können saber, poder
Kopf cap (m)
Korb cistell (m)
Korn gra (m)
Körper cos (m)
kosten costar
Kraft força
krank malalt
Krawatte corbata
Kreditkarte targeta de crèdit (f)
Kreuz creu (w)
Krieg guerra
Krümel mica
Küche cuina
Kugelschreiber bolígraf (m)
Kuh vaca
Kühlschrank frigorífic (m)
Kuli boli (m)
kurz curt
Kuss petó (m)

L

lachen riure
Lampe llum (m)
Landkarte mapa (m)
Landstraße carretera
lang llarg
lange molt de temps
langsam lent
langsam (adv.) a poc a poc
langweilig avorrit (-da)
Lärm soroll (m)
lassen deixar
lästig pesat (-da)
leben viure
Leben vida
lebendig viu
lehren ensenyar
Lehrer mestre (m)
leicht lleuger
leiden patir
leider malauradament
Leitung direcció (w)
Lektion lliçó (w)
lernen aprendre
lesen llegir
letzter últim
Leute gent (w)
Licht llum (w)
lieben estimar
Lied cançó (w)
links esquerra
Liter litre (m)
Loch forat (m)
Löffel cullera
Luft aire (m)
Lüge mentida
Lust ganes (w Mz)
lustig graciós

M

machen fer
Macht poder (m)
Mahlzeit àpat (m)
Mai maig (m)
Mal vegada
malen pintar

mal sehen a veure
man muss cal
manchmal de vegades
Mann home (m)
Mantel abric (m)
marschieren marxar
März març (m)
Maschine màquina
Mechaniker mecànic (m)
Meer mar (w)
Mehl farina
mehr més
mehr als més de
mehr oder weniger més o
menys
mein meu
Messer ganivet (m)
Metall metall (m)
Meter metre (m)
mieten llogar
Milch llet (w)
Million milió
Minute minut (m)
mir, mich em, m', me, 'm
mir, mich mi
mit amb
mitnehmen emportar-se,
endur-se
mittagessen dinar
Mittwoch dimecres (m)
Möbel moble (m)
Mobiltelefon (telèfon) mobil (m)
Moda moda
Moment moment (m)
Monat mes (m)
Mond lluna
Montag dilluns (m)
morgen demà
Morgen matí (m)
Motor motor (m)
Motorrad moto (w)
müde cansat (-da)
Müdigkeit son (w)
Mühle molí (m)
multiplizieren multiplicar
Mund boca
Musik música
Mutter mare (w)
Mütze barret (m)

N

nach (Richtung) cap a, a
nach (zeitl.) després de
Nachmittag tarda
Nacht nit (w)
Nachtisch postres (m Mz)
Nadel agulla
Nagel clau (m)
nahe bei prop de
nähen cosir
Name nom (m)
Nase nas (m)
natürlich natural
neben al costat de
Neffe nebot (m)
nehmen prendre
nehmen (in die Hand) agafar
nein! no!
Nerv nervi (m)
neu nou (nova)
neun nou
neunzehn dinou
neunzig noranta
nicht no
nichts res
nicht mehr ja no
nicht sehr no ... gaire
nicht wahr? oi?
nie mai
niedrig baix
niemand ningú
nirgends enlloc
noch encara
noch nicht einmal ni
notieren apuntar
nötig sein caldre
Notiz notícia
November novembre (m)
Null zero
Nummer número (m)
nur només

O

oben dalt
oder o
öffnen obrir
ohne sense
Ohr orella
Oktober octubre (m)
Öl oli (m)
Omelett truita
Onkel oncle (m)
Ort lloc (m)

P

Paket paquet (m)
Papier paper (m)
Parkplatz aparcament (m)
Person persona
Pesete pesseta
Pfahl pal (m)
Pferd cavall (m)
Pflanze planta
pflanzen plantar
Plastik plàstic (m)
Platte disc (m)
Platz plaça
Polizei policia
Post correus (m Mz)
Postkarte postal (w)
Präsident president (m)
Preis preu (m)
Priester capellà (m)
probieren probar
Prüfung examen (m)
Punkt punt (m)

Q / R

Quelle font (w)
Rad roda
Radio ràdio (w)
rasieren, sich afaitar-se
raten endevinar
Rathaus ajuntament (m)
Rauch fum (m)
rauchen fumar
Raum sala
rechnen comptar
Rechnung compte (m)
Recht dret (m)
Recht haben tenir raó
rechtzeitig a temps
Regenschirm paraigua (m)
Regierung govern (m)
regnen ploure
reich ric
Reis arròs (m)
Reise viatge (m)
rennen córrer
retten salvar
richtig correcte
Richtung direcció (w)
Rock faldilla
Rohr tub (m)
Roséwein vi rosat
rot vermell
Rotwein vi negre
Rücken esquena
Rückfahrt tornada
rückwärts endarrera
rufen cridar
ruhig tranquil
rund rodó
runter gehen baixar

S

Sache cosa
Sack sac (m)
Saft suc (m)
sagen dir
Salat (angemachter) amanida
Salz sal (w)
Samstag dissabte (m)
sauber net
schade llàstima
Schatten ombra
Scheckkarte targeta bancària (f)
scheinen semblar
Scheiße! merda!
schenken regalar
Schere tisores (w Mz)
Scherz broma
schicken enviar
schießen tirar
Schiff vaixell (m)
Schinken pernil (m)
Schlaf son (m)
schlafen dormir
Schlag cop (m)
schlagen pegar

schlecht mal, dolent
schließen tancar
Schlüssel clau (w)
schmutzig brut
Schnee neu (w)
schneiden tallar
schnell ràpid
Schokolade xocolata
schon ja
schön bonic
schon gut! està bé!
schon verstanden! ja!
Schrank armari (m)
schreiben escriure
Schreiner fuster
Schritt pas (m)
Schuh sabata
schulden deure
Schule escola
Schwanz cua (w)
schwarz negre
schweigen callar
schwer(gewichtig) pesat (-da)
Schwester germana (w)
sechs sis
sechzehn setze
sechzig seixanta
Seele ànima
sehen veure
sehr molt
Seife sabó (m)
sein (Verb) ser (ésser), estar
sein (Besitz) seu
seit des de
Seite costat (m)
Seite (Buch) pàgina
Sekunde segon (m)
selbst mateix
selbstverständlich! és clar!
seltsam estrany
senken rebaixar
September setembre (m)
Service servei (m)
servieren servir
sich es, s', se, 's
sicher segur
sie la, l'
Sie (Anrede, Ez) vostè
Sie (Anrede, Mz) vostès
sieben set
siebzehn disset
siebzig setanta
singen cantar
sitzen seure
so així
sofort de seguida
so sehr tan
so viel tant
so viele tants
so wie tal com
Sohn fill (m)
Soldat soldat (m)
Sommer estiu (m)
Sonne sol (m)
Sonntag diumenge (m)
spanisch espanyol
Sparkasse caixa
Spaß haben divertir-se
spät tard
spazieren gehen fer un passeig
Speiseeis gelat (m)
Speisesaal menjador (m)
Spiegel mirall (m)
Spiel joc (m)
spielen jugar
spielen (Instrument) tocar
Spitze punta
Sprache llengua
sprechen enraonar, parlar
springen saltar
Stachel punxa
Stadt ciutat (w)
Stadtplan plànol (m)
Stadtviertel barri (m)
stark fort
Staub pols (w)
Stein pedra
Stern estrella
Steuern impostos (m Mz)
Stimme veu (w)
Stockwerk planta
stören molestar
Strafe càstig (m)
Strand platja
Straße carrer (m)
Straßenbahn tramvia (m)
Streik vaga
streiten, sich barallar-se

Stroh palla
Strumpf mitjó (m)
Stück peça; tros (m)
studieren estudiar
Stuhl cadira
Stunde hora
suchen buscar
Supermarkt supermercat (m)
Suppe sopa
süß dolç

T

Tabak tabac (m)
Tag dia (m)
Tank dipòsit (m)
Tante tia
tanzen ballar
tapfer valent
Tasche bossa
Taschentuch mocador (m)
tausend mil
Teil part (w)
Telefon telèfon (m)
Teller plat (m)
teuer car
tief fondo
Tier animal (m)
Tisch taula
Toilette wàter (m)
Toiletten serveis (m Mz)
töten matar
tragen dur, portar
Traum somni (m)
traurig trist
trennen separar
Treppe escala
trinken beure
Trinkgeld propina-
Trinkglas (ohne Stiel) got (m)
trocken sec
trocknen eixugar
Tür porta

U

U-Bahn metro (m)
über sobre
Überfall atracament (m)
übrigens per cert
Uhr rellotge (m)
umfallen tombar
Umwelt medi ambient (m)
um zu per a
und i
uns ens, nos, 'ns
unser nostre
unten a baix
unter sota
Unterschied diferència
unterschreiben firmar
Urlaub vacances (w Mz)

V

Vase gerro (m)
Vater pare (m)
verabreden (sich) quedar
verbinden lligar
verbrauchen gastar
verheiratet casat (-da)
verkaufen vendre
verlieren perdre
Vernunft raó (w)
versichern assegurar
versprechen prometre
verstecken amagar
verstehen entendre
verteilen repartir
verzeihen perdonar
viel molt
vielleicht potser
vier quatre
Viertel quart (m)
vierzehn catorze
vierzig quaranta
Vogel ocell (m)
Volk poble (m)
voll ple/plena
von de, d'
vor (räuml.) davant
vorbeigehen passar
vorbereiten preparar
vorgestern abans-d'ahir
vorher abans
Vorsicht! compte!
vorwärts endavant

W

Wachmann guàrdia (m)
Waffe arma
Wagen carro (m)
Wahrheit veritat (w)
Wald bosc (m)
Wand paret (w)
wann? quan?
warm calent
warten esperar
Warteschlange cua (w)
warum? per què?
was? què?
waschen rentar
was für ein ...! quin ...!
Wasser aigua
Wechsel(stube) canvi (m)
wechseln canviar
weder ... noch ni ... ni
Weg camí (m)
weggehen anar-se'n, marxar
weh tun fer mal
weich tou (tova), moll
weil perquè
Wein vi (m)
weinen plorar
weiß blanc
Weißwein vi blanc
weit lluny
welcher? quin?
Welt món (m)
wenden voltar
wenig poc
weniger menys
wenn quan
wer? qui?
werden posar-se
werfen llençar
Werkstatt taller (m)
Werkzeug eina
wert sein valer
Wetter temps (m)
wichtig important (m/w)
wie com
wie? com?
wiegen pesar
wie viel? quant?
Winter hivern (m)
wir nosaltres
wissen saber
wo? on?
Woche setmana
Wohnung pis (m)
Wohnwagen rulot (w)
Wohnzimmer menjador (m)
Wolke núvol (m)
wollen voler
Wort paraula
Wörterbuch diccionari (m)
wünschen desitjar

Z

Zahn dent (w)
zehn deu
zeichnen dibuixar
Zeile ratlla
Zeit temps (m)
Zeitung diari (m)
Zelt tenda de campanya
Zentimeter centímetre (m)
zerbrechen trencar
Zeuge testimoni (m)
ziehen tirar
ziemlich força, bastant
Zigarette cigarret (m)
Zigaretten (allgem.) tabac (m)
Zimmer habitació (w)
zu (nach) a
zu Hause a casa
zu viel massa
Zucker sucre (m)
zufrieden content
Zug tren (m)
zugleich alhora
zuhören escoltar
Zunge llengua
zurückkehren tornar
zusammen junt
zusammenpacken plegar
zwanzig vint
zwei dos (dues)
Zwiebel ceba
zwischen entre
zwölf dotze

Wörterliste Katalanisch – Deutsch

A

a in, auf, nach, zu
a baix unten
a casa zu Hause
a la fi endlich
a més a més außerdem
a partir de ab
a penes kaum
a poc a poc (adv.) langsam
a prop in der Nähe
a temps rechtzeitig
a veure mal sehen
abans vorher
abans-d'ahir vorgestern
abric (m) Mantel
acabar beenden
acceptar akzeptieren
adéu auf Wiedersehen
adonar-se bemerken
aeroport (m) Flughafen
afaitar-se rasieren (sich)
afegir hinzufügen
agafar nehmen (in die Hand)
agradar gefallen
agulla Nadel
ahir gestern
ai! au!
aigua Wasser
aire (m) Luft
aixecar anheben
aixecar-se sich erheben
així so
això das (da)
ajudar helfen
ajuntament (m) Rathaus
al camp auf dem Land
al costat de neben
ala Flügel
alegre fröhlich
alemany deutsch
Alemanya Deutschland
aleshores dann
algú jemand
algún irgendein
alhora zugleich
allà dort
allò das (dort)
alt hoch
amagar verstecken
amanida Salat (angemachter)
amb mit
ambaixada Botschaft
amic (amiga) Freund(in)
amo (m) Chef, Besitzer
ample breit
ampolla Flasche
amunt aufwärts
anada Hinfahrt
anar gehen, fahren
anar-se'n weggehen
ànima Seele
animal (m) Tier
aniversari (m) Geburtstag
anunciar ankündigen
any (m) Jahr
apagar ausschalten
aparcament (m) Parkplatz
àpat (m) Mahlzeit
aprendre lernen
apuntar notieren
aquell jener
aquest dieser
aquí hier
ara jetzt
ara mateix gleich
arbre (m) Baum
arma Waffe
armari (m) Schrank
arreglar in Ordnung bringen
arribar ankommen
arròs (m) Reis
assegurar versichern
atracament (m) Überfall
autobús (m) (Stadt)Bus
autocar (m) (Überland)Bus
avi (m) Großvater
aviat bald
avió (m) Flugzeug
avorrit (-da) langweilig
avui heute

B

baix niedrig
baixar runtergehen
ballar tanzen
banc (m) Bank
bandera Fahne
bany (m) Bad
barallar-se sich streiten
barat billig
barret (m) Mütze
barri (m) Stadtviertel
bastant ziemlich
bé, ben gut (adv.)
beure trinken
beguda Getränk
bici(cleta) (w) Fahrrad
bitllet (m) Fahrkarte
blanc weiß
blau (blava) blau
bo, bon gut
boca Mund
boli (m) Kuli
bolígraf (m) Kugelschreiber
bonic schön
bosc (m) Wald
bossa Tasche
braç (m) Arm
broma Scherz
brusa Bluse
brut schmutzig
bullit (-da) gekocht
buscar suchen
butxaca Hosentasche

C

ca, cal, can „Haus von ..."
cabell (m) Haar
cabró! (m) Arschloch!
caçar jagen
cada jeder
cadira Stuhl
cafè Kaffee
caixa Kasse, Sparkasse
cal man muss
caldre nötig sein
calefacció Heizung
calent warm
callar schweigen
calor (w) Hitze
cama Bein
cambrer (m) Kellner
camí (m) Weg
caminar gehen
camisa Hemd
camp (m) Feld
camping (m) Campingplatz
cançó (w) Lied
cansat (-da) müde
cantar singen
canvi (m) Wechsel(stube)
canviar wechseln
canya Glas Fassbier
cap kein
cap (m) Kopf, Chef
cap a nach (Richtung)
capellà (m) Priester
car teuer
cara Gesicht
carbó Kohle
carn (w) Fleisch
carrer (m) Straße
carretera Landstraße
carro (m) Wagen
carta Brief
cartera Brieftasche
cas (m) Fall
casa Haus
casat (-da) verheiratet
castell (m) Kastell
càstig (m) Strafe
català (-ana) katalanisch
caure fallen
cavall (m) Pferd
ceba Zwiebel
cel (m) Himmel
centímetre (m) Zentimeter
cervesa Bier
cibercafè Internetcafè
cigarret (m) Zigarette
cistell (m) Korb
ciutat (w) Stadt
clar hell
clau (w) Schlüssel
clau (m) Nagel
cobrar kassieren
coll (m) Hals; Gebirgspass
collir ernten
color (m) Farbe

com wie
com? wie?
començar beginnen
comprar kaufen
comptar rechnen
compte (m) Rechnung
compte! Vorsicht!
conèixer kennen
consigna Gepäckaufbewahrung
contar erzählen
conte (m) Erzählung
content zufrieden
contestar antworten
contra gegen
cop (m) Schlag
copa Glas (mit Stiel)
cor (m) Herz
corbata Krawatte
correcte richtig
córrer rennen
correus (m Mz) Post
cos (m) Körper
cosa Sache
cosí (m) Cousin
cosir nähen
costar kosten
costat (m) Seite
cotxe (m) Auto
cremar brennen
creu (w) Kreuz
creure glauben
cridar rufen
cua (w) Schwanz; Warteschlange
cuina Küche
cullera Löffel
curar heilen
curt kurz

D

d'acord einverstanden
dalt oben
darrera hinter
davant vor (räuml.)
de, d' von
de res! keine Ursache!
de seguida sofort
de vegades manchmal
deixar lassen; ausleihen
deixar de aufhören mit
demà morgen
demanar erbitten
dent (w) Zahn
denunciar anzeigen
des de seit
desfer auflösen
desitjar wünschen
despertar-se aufwachen
després hinterher
després de nach
Déu Gott
deure schulden
dia (m) Tag
diari (m) Zeitung
dibuixar zeichnen
diccionari (m) Wörterbuch
diferència Unterschied
diligent (m/w) fleißig
dinar mittagessen
diners (m Mz) Geld
dins, dintre drinnen
dipòsit (m) Tank
dir sagen
direcció (w) Richtung; Leitung
disc (m) Platte
divertir-se Spaß haben
dolç süß
dolent schlecht
dona Frau
donar geben
doncs also
dormir schlafen
dret (m) Recht
dret aufrecht
dur hart
dur tragen

E

eina Werkzeug
eixugar trocknen
el, l', lo, 'l ihn
electricitat (w) Elektrizität
ell er
el mateix der-/dasselbe
em,' m', me, 'm mir, mich
empleat (m) Angestellter
emportar-se mitnehmen

en, n', ne, 'n davon

encantat (-da) entzückt

encara noch

encendre anschalten

endarrera rückwärts

endavant vorwärts

endevinar raten

endur-se mitnehmen

enfadar-se böse werden

engegar einschalten

enllà jenseits

enlloc nirgends

enraonar sprechen

ens, nos, 'ns uns

ensenyar lehren

entendre verstehen

entrada Eingang; Eintrittskarte

entrar hineingehen

entre zwischen

entrepà (m) Baguette (belegt)

enviar schicken

ep! he!

equivocar-se sich irren

equivocat (-da) falsch

es, s', se, 's sich

és clar! selbstverständlich!

escala Treppe

escola Schule

escoltar zuhören

escriure schreiben

església Kirche

esmorzar (m) Frühstück

espanyol spanisch

esperar warten

esquena Rücken

esquerra links

ésser sein

està bé! schon gut!

estació Bahnhof

estar sein

estimar lieben

estiu (m) Sommer

estranger Fremder

estrany seltsam

estrella Stern

estrènyer drücken

estudiar studieren

et, t', te, 't dir, dich

examen (m) Prüfung

èxit Erfolg

explicar erzählen

F

fàbrica Fabrik

fàcil einfach

fadrí Junggeselle

faldilla Rock

falta Fehler

faltar fehlen

farina Mehl

farmàcia Apotheke

favor (m) Gefallen

feina Arbeit

feliç (m/w) glücklich

felicitar beglückwünschen

fer machen

fer mal weh tun

fer malbé kaputt machen

fer un passeig spazieren gehen

ferro (m) Eisen

festa Fest

fi (w) Ende

fil (m) Faden

fill (m) Sohn

finestra Fenster

fins bis

firmar unterschreiben

flor (w) Blume

foc (m) Feuer

fondo tief

font (w) Quelle

fora draußen

forat (m) Loch

força Kraft

força ziemlich

forma Form

forquilla Gabel

fort stark

fosc dunkel

foto (w) Foto

fotut (-da) beschissen

fred kalt

fregit (-da) gebraten

fresc frisch

frigorífic (m) Kühlschrank

fruita Frucht

full Blatt (Papier)

fulla Blatt (vom Baum)

fum (m) Rauch
fumar rauchen
funció Funktion
fusta Holz
fuster Schreiner

G

gairebé fast
galleda Eimer
gallina Henne
gana Hunger
gandul (m/w) faul
ganes (w Mz) Lust
ganivet (m) Messer
garatge (m) Garage
gas (m) Gas
gasolina Benzin
gastar verbrauchen
gat (m) Katze
gel (m) Eis
gelat (m) Speiseeis
gens gar nicht
gent (w) Leute
germà (m) Bruder
germana (w) Schwester
gerro (m) Vase
goma Gummi
gos (m) Hund
got (m) Trinkglas (ohne Stiel)
govern (m) Regierung
gra (m) Korn
gràcies Danke
graciós lustig
gram (m) Gramm
gran (m/w) groß
gras/grassa dick, fett
grau (m) Grad
gris grau
groc (groga) gelb
gruixut (-da) dick (Dinge)
guaitar blicken
guanyar gewinnen
guardar bewachen
guàrdia (m) Wachmann
guerra Krieg
gust (m) Geschmack; Genuss

H

habitació (w) Zimmer
haver haben (Hilfsverb)
hi dort(hin)
hivern (m) Winter
ho es
hola! Hallo!
home (m) Mann
hora Stunde

I

i und
idiota (m) Idiot
igual egal
imbècil (m/w) dämlich
important (m/w) wichtig
impostos (m Mz) Steuern
inclòs inbegriffen
interessant (m/w) interessant

J

ja schon
ja! schon verstanden!
ja no nicht mehr
jaqueta Jacke
jardí (m) Garten
jo ich
joc (m) Spiel
jove (m/w) jung
jugar spielen
junt zusammen

L

la, l' sie
la mateixa dieselbe
lent langsam (adj.)
li ihm, ihr
líquid flüssig
litre (m) Liter
llàpis Bleistift
llarg lang
llàstima schade
llavors dann
llegir lesen
llegir el correu electrònic Email abrufen
lleig/lletja hässlich
llençar werfen

llençols (m Mz) Bettwäsche
llengua Zunge; Sprache
llet (w) Milch
lletra Buchstabe
lleuger leicht
llibertat (w) Freiheit
llibre (m) Buch
lliçó (w) Lektion
lligar verbinden; anbändeln
llit (m) Bett
lloc (m) Ort
llogar mieten
llum (w) Licht
llum (m) Lampe
lluna Mond
lluny weit

M

mà (w) Hand
magatzem (m) Kaufhaus
mai nie
mal schlecht
malalt krank
malauradament leider
maleta Koffer
manar befehlen
manera Art und Weise
mantega Butter
mapa (m) Landkarte
màquina Maschine
mar (w) Meer
mare (w) Mutter
marit (m) Ehemann
marxar marschieren; weggehen
masclista (m) „Chauvi"
massa zuviel
matar töten
mateix selbst
matí (m) Morgen
mecànic (m) Mechaniker
medi ambient (m) Umwelt
menjador (m) Wohnzimmer; Speisesaal
menjar essen
mentida Lüge
menys weniger
merda Scheiße
més mehr
més de mehr als
més o menys mehr oder weniger
mes (m) Monat
mestre (m) Lehrer
metge (m) Arzt
metre (m) Meter
metro (m) U-Bahn
meu mein
mi mir, mich
mica Krümel
mica, una ein bisschen
mig halb
milió Million
minut (m) Minute
mirall (m) Spiegel
mirar blicken
missa Gottesdienst
mitjó (m) Strumpf
moble (m) Möbel
mocador (m) Taschentuch
moda Moda
molestar stören
molí (m) Mühle
moll weich
molt viel; sehr
molt de temps lange
món (m) Welt
mongetes (w Mz) Bohnen
mossegar beißen
moto (w) Motorrad
moure bewegen
mullar nass machen
muller (m) Ehefrau
multiplicar multiplizieren
muntanya Gebirge
música Musik

N

nas (m) Nase
natural natürlich
nebot (m) Neffe
necessitar benötigen
negre schwarz
nen (m) Kind

nervi (m) Nerv
net sauber
nét (m) Enkel
neu (w) Schnee
ni noch nicht einmal
ni ... ni weder ... noch
ningú niemand
nit (w) Nacht
no nicht, nein
no ... gaire nicht sehr
noi (m) Junge
nom (m) Name
només nur
nosaltres wir
nostre unser
notícia Notiz
nou (nova) neu
número (m) Nummer
núvol (m) Wolke

O

o oder
obrir öffnen
ocell (m) Vogel
oi? nicht wahr?
oli (m) Öl
olor (w) Geruch
ombra Schatten
on? wo?
oncle (m) Onkel
orella Ohr
orxata Erdmandelmilch
os (m) Knochen
ou (m) Ei

P

pa (m) Brot
pagar bezahlen
pagès (m) Bauer
pàgina (Buch-)Seite
paleta (m) Handwerker
palla Stroh
pantalons (m Mz) Hose
panxa Bauch
paper (m) Papier
paquet (m) Paket
parada Haltestelle
paraigua (m) Regenschirm
paraula Wort
pare (m) Vater
paret (w) Wand
parlar sprechen
part (w) Teil
partir abreisen
pas (m) Schritt
passar vorbeigehen
patata Kartoffel
pati (m) Innenhof
patir leiden
pau (w) Frieden
peça Stück
pedra Stein
pegar schlagen
peix (m) Fisch
pell (w) Haut
pel.lícula Film
pensar denken
pentinar kämmen
per a um zu
per cert übrigens
per què? warum?
perdonar verzeihen
perdre verlieren
pernil (m) Schinken
però aber
perquè weil
perruqueria Friseursalon
persona Person
pesar wiegen
pesat (-da) lästig; schwer (Gewicht)
pescar fischen
pesseta Pesete
petit klein
petó (m) Kuss
petroli (m) Erdöl
peu (m) Fuß
pilota (w) Ball
pintar malen
pis (m) Wohnung
pla/plana flach
plaça Platz
plànol (m) Stadtplan
planta Pflanze; Stockwerk
plantar pflanzen
planxar bügeln
plàstic (m) Plastik
plat (m) Teller
platja Strand
ple/plena voll
plegar zusammenpacken; aufbrechen

ploma Feder
plorar weinen
ploure regnen
poble (m) Volk; Dorf
pobre arm
poc wenig
poder können
poder (m) Macht
policia Polizei
pollastre (m) Hähnchen
pols (w) Staub
pont (m) Brücke
por (w) Angst
porta Tür
portar bringen; tragen
posar hinstellen; hinlegen
posar-se werden
postal (w) Postkarte
postres (m Mz) Nachtisch
potser vielleicht
pou (m) Brunnen
pregunta Frage
preguntar fragen
prendre nehmen
preparar vorbereiten
president (m) Präsident
pressa Eile
preu (m) Preis
prim dünn
primavera Frühling
primer erster
probar probieren
prometre versprechen
prop de nahe bei
propina Trinkgeld
prou genug
pujar hinaufsteigen
punt (m) Punkt
punta Spitze
punxa Stachel
puny (m) Faust

Q

quan wenn
quan? wann?
quant? wie viel?
quart (m) Viertel
que dass
què? was?
quedar-se bleiben
quedar sich verabreden
qui? wer?
quilo (m) Kilo
quilòmetre (m) Kilometer
quin? welcher?
quin ...! was für ein ...!

R

raó (w) Vernunft
ràpid schnell
raspall (m) Bürste
ratlla Zeile
rebaixar senken
rebre bekommen
recomanar empfehlen
record (m) Erinnerung
recordar erinnern
recte aufrecht; geradeaus
regalar schenken
regar bewässern
relació Beziehung
rellotge (m) Uhr
remei (m) Abhilfe
rentar waschen
renyar ausschimpfen
repartir verteilen
res nichts
resar beten
respirar atmen
revés (al.r) anders herum
ric reich
riu (m) Fluss
riure lachen
roba Kleidung
robatori (m) Diebstahl
roda Rad
rodó rund
ros blond
rulot (w) Wohnwagen

S

sabata Schuh
saber wissen; können
sabó (m) Seife
sac (m) Sack
sal (w) Salz
sala Raum

saltar springen
saludar grüßen
salvar retten
sang (w) Blut
sant heilig
sec trocken
segell (m) Briefmarke
segon (m) Sekunde
segons je nach
seguir folgen
segur sicher
semblar scheinen
sempre immer
sense ohne
sentir fühlen; hören
senyor Herr
senzill einfach
separar trennen
ser sein
servei (m) Service
serveis (m Mz) Toiletten
servir servieren
setmana Woche
seu sein
seu (w) Kathedrale
seure sitzen
si falls
sí ja
simple einfach
sisplau bitte
si us plau bitte
sobre über
societat (w) Gesellschaft
sol allein
sol (m) Sonne
soldat (m) Soldat
somni (m) Traum
son (m) Schlaf
son (w) Müdigkeit
sopa Suppe
sopar (m) Abendbrot
soroll (m) Lärm
sort (w) Glück
sortir hinausgehen
sortida Ausgang
sota unter
suc (m) Saft
sucre (m) Zucker
sumar addieren
supermercat (m) Supermarkt

T

tabac (m) Tabak; Zigaretten
tal com so wie
tallar schneiden
taller (m) Werkstatt
també auch
tampoc auch nicht
tan so sehr
tancar schließen
tant(s) so viel(e)
tapar bedecken
tard spät
tarda Nachmittag
tardor (w) Herbst
targeta Karte
targeta bancària Scheckkarte
targeta de crèdit (f) Kreditkarte
taula Tisch
tele (w) Fernsehen
(telefon) mòbil (m) Mobiltelefon
temps (m) Zeit; Wetter
tenda Geschäft
tenda de campanya Zelt
tenir (raó) (Recht) haben
terra (w) Erde
terra (m) Fußboden
testimoni (m) Zeuge
teu dein
tia Tante
tirar schießen; ziehen
tisores (w Mz) Schere
tocar berühren; spielen (Instrum.)
tombar umfallen
tornada Rückfahrt
tornar zurückkehren
tos (w) Husten
tot alles
totalment ganz
tou (tova) weich
tovallola Handtuch
tramvia (m) Straßenbahn
tranquil ruhig
treballar arbeiten
tren (m) Zug
trencar zerbrechen
treure herausholen

trist traurig
trobar finden
tros (m) Stück
trucar klopfen; klingeln; anrufen
truita Omelett
tu du
tub (m) Rohr

U

ull (m) Auge
ulleres (w Mz) Brille
últim letzter
us, -vos euch

V

vaca Kuh
vacances (w Mz) Urlaub
vaga Streik
vaixell (m) Schiff
valent tapfer
valer wert sein
vegada Mal
vell alt
vendre verkaufen
venir kommen
verd grün
verdura Gemüse
veritat (w) Wahrheit
vermell rot
vespre (m) Abend
vestir bekleiden
veu (w) Stimme
veure sehen
vi (m) Wein
viatge (m) Reise
vida Leben
vidre (m) Glas (Material)
viu lebendig
viure leben
volar fliegen
voler wollen
voltar wenden
vora bei
vosaltres ihr
vostè(s) Sie (Anrede, Ez/Mz)
vostre euer

W / X

wàter (m) Toilette
xocolata Schokolade

Der Autor

Hans-Ingo Radatz wurde 1961 in Celle/Niedersachsen geboren und ist Dozent für romanische Sprachwissenschaft an der katholischen Universität Eichstätt. Er hat an den Universitäten von Hannover, Bangor (Wales) und Frankfurt Sprachwissenschaft und Sprachen studiert, wobei sein besonderes Interesse den kleineren europäischen Sprachen wie Okzitanisch, Baskisch, Walisisch und Bretonisch gilt. Mit dem Katalanischen, das er auf eigene Faust zu erlernen begann, beschäftigt er sich schon seit zwanzig Jahren. Da er lange mit einer Mallorquinerin verheiratet war, hat er auch zu Hause Gelegenheit gehabt, Katalanisch zu sprechen.

„Bei meiner Beschäftigung mit dem Katalanischen geht es mir keineswegs nur um dieses kleine europäische Land, sondern um die Idee der kulturellen Vielfalt und Individualität im Allgemeinen. Die allgegenwärtige Tendenz zur kulturellen Vereinheitlichung durch angloamerikanische Kulturimporte ist nicht dadurch zu begrenzen, dass man einfach nur auf sie schimpft, sondern indem man ihr etwas Eigenes entgegensetzt. Dass dies selbst angesichts einer erdrückenden kulturellen Übermacht möglich ist, wenn man nur will, beweisen uns die Katalanen.“